Spezialitäten aus den USA

von Heidemarie Freund

FAKT

Woher kommen

Die amerikanische Küche ist sehr reichhaltig und vielfältig. Einwanderer aus den verschiedensten Teilen der Welt haben ihre Essensgewohnheit mitgebracht und sie den Gegebenheiten des Landes angepaßt. Sie fanden zusätzlich viele ihnen unbe-

1 Austernsuppe – Im ganzen Staate Washington und besonders in der Hafenstadt Seattle spielen die Meeresfrüchte eine große Rolle. Weithin bekannt sind die aus dem Pazifischen Ozean stammenden Riesen-Austern. Austern-Eintopf ist in ganz Amerika ein traditionelles Heilig-Abend-Essen.

2 Gefüllter Puter – das amerikanische Lieblings-Festessen – Im Staate Oregon finden sich große Ranches, auf denen Puter sich im Freien ihre Nahrung suchen können.

3 Lachs in Kräuterbutter – An der Küste entlang von Washington bis Kalifornien wird der Lachs – frisch oder geräuchert – angeboten.

4 Rehrücken aus dem Ofen und

5 Bachforelle – Die Gebirgslandschaft von Montana bis Nevada und Colorado beschert der amerikanischen Küche eine große Anzahl Süßwasserfische wie Saibling, Barsch und Forelle sowie feines Wild wie Elch und Hirsch.

6 Amerikanische Grillfrikadelle und

7 Feurige Spareribs – Am Lagerfeuer erfreuen sich heute wie einst die Cowboys an – wie könnte es anders sein – gegrilltem Fleisch jeder Art.

8 Gegrillte Hummerkrabben und

9 Cioppino – Auch in Kalifornien spielen die Meeresfrüchte in der Küche die größte Rolle. Im Cioppino werden sie in Weißwein gekocht und pikant gewürzt als „Eintopf" serviert.

10 Gebratenes Kaninchen in saurer Sahne – In den Präriestaaten von Nord-Dakota bis Oklahoma finden Fasan und Kaninchen viele Liebhaber.

11 Gefüllte Tournedos – Der Mittelwesten stand unter dem Einfluß der europäischen Küche. So finden sich hier viele Spezialitäten, die auch unserer Küche nicht fremd sind.

12 Colorado Roast mit Rosinen Chutney und

13 Maisfladen – Mais als Gemüse oder Mehl bestimmte die Küche im Süden. Grütze und jede Art von Brot oder Kuchen werden frisch aus dem Ofen schon zum Frühstück serviert.

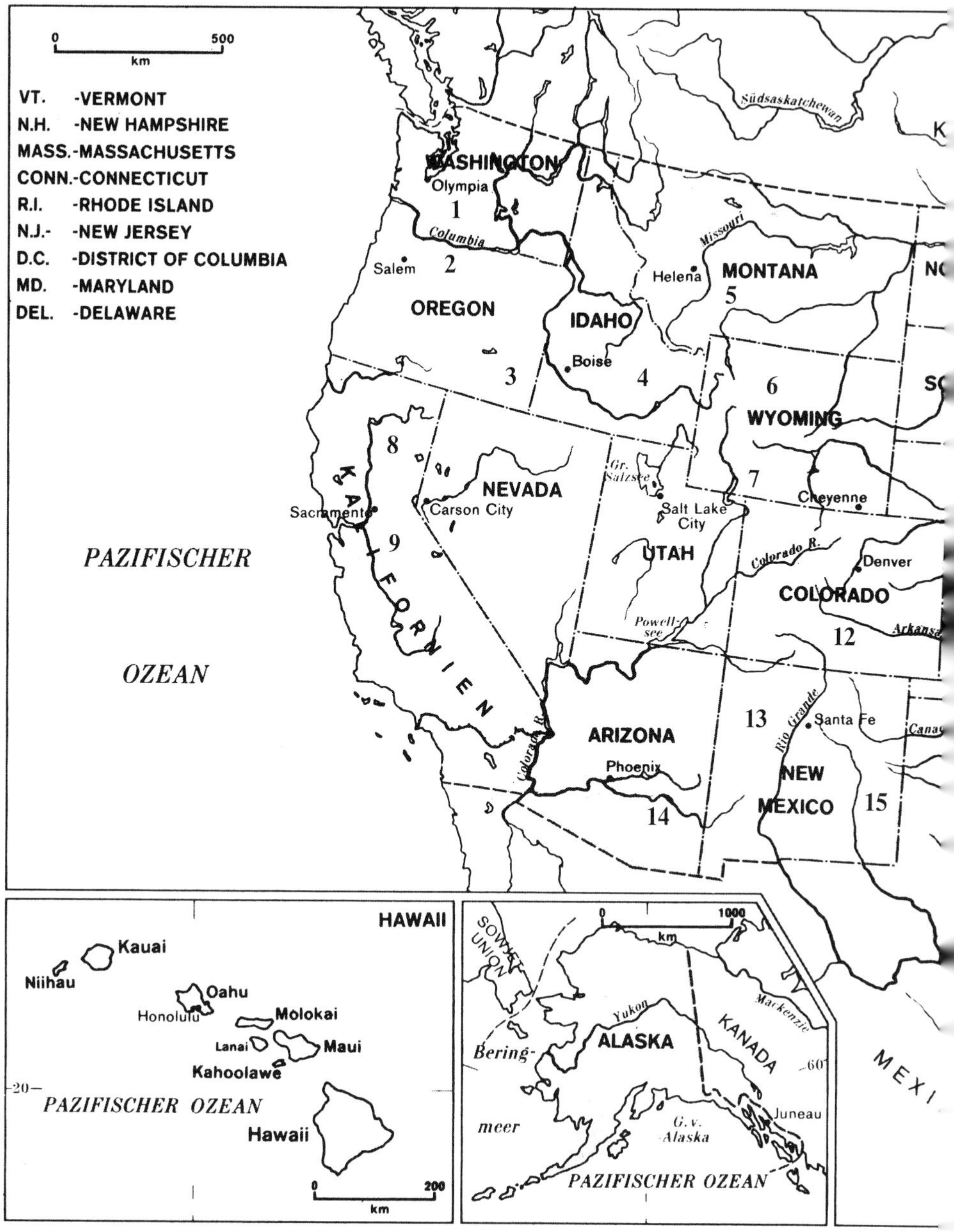

14 Hühner-Pfannkuchen – Unterwegs und zwischendurch sind knusprige Tacos ein beliebter Snack.

15 Chili con carne – Chilischoten liefern das Gewürz für dieses äußerst scharfe Gericht, das dem Namen nach nach Mexiko weist. Übrigens war es ein Deutscher, dem es gelang, das Fruchtfleisch aus der Schote zu extrahieren. Mit verschiedenen Gewürzen gemischt entstand dann der Chilipfeffer.

16 Pecan-Hörnchen – In Texas und Oklahoma wächst die Pecannuß, eine dem äußeren nach zu lang geratene Haselnuß, im Innern eine Walnuß, der sie auch im Geschmack ähnelt. Besonders häufig wird sie zum Backen verwendet: fein gemahlen als Pastetenfüllung.

die Spezialitäten?

kannte Obst- und Gemüsesorten, die nun je nach Gewohnheit unterschiedlich zubereitet wurden. Es ist heute oft schwer zu bestimmen, woher die einzelnen Spezialitäten stammen. Nachfolgend haben wir einige Rezepte nach Regionen eingeteilt:

17 Dreierlei Bohnen-Salat,

18 Schweinekrone mit Wurst- und Apfelfüllung und

19 Rinderkotelett mit Fruchtglasur – Texas ist das Land der Barbecues: würzig gebratenes Fleisch, viele Salate und Desserts versammeln wie zu einem Volksfest Familie und Freunde.

20 Jambalaya – Dieses Reisgericht aus New Orleans ist auch in Mittel- und Südamerika zu Hause und geht auf die kreolische Küche zurück. Der Reis wird mit Huhn oder Schinken und Krabben oder Garnelen im Ofen gegart und muß ganz trocken und körnig sein.

21 Kürbistorte – Thanksgiving, das Erntedankfest, ist ohne Kürbistorte nicht denkbar. Der vom Fruchtfleisch befreite Kürbis dient den Kindern als Grundform für ihre Masken zu Haloween.

22 Grapefruit aus dem Ofen – Florida liefert die Zitrusfrüchte, die auf jedem Frühstückstisch in Amerika zu finden sind.

23 Hühner-Pastete,

24 Gebackener Maisbrei mit Wurstbrät,

25 Maiskuchen und

26 Gebundene Maissuppe – Geflügel, Eier und Mais stehen von Louisiana bis Virginia im Mittelpunkt der Kochkunst, die oft sehr arbeits- und zeitintensiv ist.

27 Gebackener glasierter Schinken – Typisch für die amerikanische Küche ist die Verbindung zwischen salzig und süß, für die der Virginia-Schinken ein besonders gutes Beispiel ist: ein geräucherter Schinken wird im Ofen gebacken und bekommt durch einen Aufstrich von Ananas-Saft und braunem Zucker die „süße" Kruste.

28 Gebackener gefüllter Streifenbarsch – Ein typisches Gericht für die Chesapeake-Bay vor Washington.

29 Gebratene Tomaten – Pennsylvania erinnert in der Landschaft an Deutschland und wurde für viele Deutsche zur neuen Heimat. Sie hielten fest an alter Tradition, versuchten dabei aber auch die Früchte des Landes in ihren Speiseplan miteinzubeziehen. Selbstgebackenes Brot, hausgemachte Marmeladen und Konserven werden auch heute noch bevorzugt.

30 Hackfleischbraten,

31 Muscheleintopf New England und

32 Gepökeltes Rindfleisch mit Gemüse – Ein-Topf-Gerichte waren bei den ersten Einwanderern notwendig, da sie Geschirr und Energie sparten. So sind zum Beispiel gebackene Bohnen ein „Bei-Produkt" vom Brotbacken. Man nutzte so die restliche Wärme im Ofen aus.

33 Ahornsirup-Creme – Der klare Saft des Ahornbaumes wird in großen Bottichen stundenlang eingedampft und zu Sirup gekocht. Beliebtes Frühstück bei groß und klein: lockere Pfannkuchen (Pancakes) direkt aus der Pfanne mit Butter bestrichen und dick mit Ahornsirup begossen.

Eier, Schinken und Rosinen ergeben mit Butter gemischt diesen delikaten Brotaufstrich

Breakfast – Das Frühstück

Der richtige Start am Morgen, die beste Grundlage für einen guten Tag. Mit einem Glas Orangensaft oder einer Grapefruithälfte mit Pancakes oder Cereals jeder Art (Cornflakes o. ä.), Toastscheiben oder Biskuits mit feinem Aufstrich oder Belag, Quick Breads oder Törtchen und viel frischem Obst.

Grapefruit aus dem Ofen

(Broiled Grapefruit)

Zutaten für 4 Personen:

2 große Grapefruit
2 bis 3 EL brauner Zucker
1 EL Butter
Rum oder Cognac
4 Cocktailkirschen

Die Grapefruit quer halbieren, dick mit braunem Zucker bestreuen und die Butter in kleinen Flöckchen darauf verteilen. Unter den Grill stellen und so lange überbacken, bis der Zucker karamelisiert ist. Mit Rum oder Cognac beträufeln und garnieren.

Rosinen-Aufstrich "Yellow cup"

(Raisin Spread „Yellow Cup")

Foto links

Zutaten für 4 Personen:

3 frische Eier
200 g Butter
100 g gekochter Schinken (ohne Fettrand)
100 g kalifornische Rosinen
2 bis 3 EL Curry
Salz

Die Eier in einem Topf mit genügend Wasser zum Kochen bringen und bei kleiner Hitze 10 bis 12 Minuten hart kochen. Mit kaltem Wasser abschrecken, die Eier pellen und halbieren. Das Eigelb herauslösen und mit einer Gabel grob zerdrücken. In einem Rührbecher die Butter mit dem elektrischen Handrührgerät schaumig rühren. Dabei nach und nach das Eigelb zufügen. Den Schinken und das Eiweiß fein würfeln und zusammen mit den Rosinen unter die cremige Butter heben. Mit reichlich Curry und Salz pikant abschmecken.

Anmerkung: Dieser Brotaufstrich hält sich im Kühlschrank mindestens 1 Woche und kann darum sehr gut auf Vorrat zubereitet werden. Er schmeckt vor allem auf kräftigen Roggenbrötchen und deftigem Bauernbrot oder pikantem Roggen-Knäcke.

Hafergrütze

(Cereal or Porridge)

Zutaten für 4 Personen:

2 Tassen Wasser
½ Tasse Haferflocken
1 TL Salz

Das Wasser mit dem Salz in einem Topf mit schwerem Boden zum Kochen bringen. Die

Haferflocken unter ständigem Rühren einrieseln lassen und aufkochen. Bei schwacher Hitze unter ständigem Rühren 10 Minuten kochen oder so lange, bis die Haferflocken voll aufgequollen sind und der Brei die gewünschte Festigkeit hat. Auf vier Suppenteller verteilen, mit weißem oder braunem Zucker bestreuen und mit kalter oder warmer Milch servieren.

Variante: Cereal oder Porridge wird in den Südstaaten sehr oft mit Maismehl zubereitet, muß dann allerdings mindestens 30 Minuten kochen, da Maismehl langsamer quilt als die bei uns erhältlichen Haferflocken. Da eine Grütze sehr leicht ansetzt und anbrennt, wird sie in Amerika meistens im Wasserbad zubereitet und in diesem Geschirr ist sie dann auch auf dem großen Frühstücksbuffet zu finden. Cereal aus Haferflocken oder Maismehl wird auch mit getrockneten oder frischen Früchten serviert: Rosinen, Datteln, getrocknete Aprikosen oder Pflaumen in kleine Stücke gehackt und unter die fertige Grütze gerührt. In Scheiben geschnittene Äpfel, Birnen, Pfirsiche, Ananas oder Bananen auf die Grütze gelegt. Auch jede Art von frischen oder tiefgekühlten Beeren passen vorzüglich zu einem Porridge.

Tip: Übriggebliebene Maisgrütze schmeckt fein, wenn man sie in Scheiben schneidet und von beiden Seiten in Butterschmalz knusprig brät. Mit Gulasch und Salat servieren.

Nicht nur zum Frühstück schmecken kleine Hörnchen mit feiner Pecannuß-Füllung

Pecan-Hörnchen

(Pecan Buns)

Foto oben

Zutaten für 12 Stück:

300 g Mehl
125 + 30 g Butter
20 g frische Hefe
4 EL kalte Milch
90 g Zucker
1 Prise Salz
1 Eigelb, 1 Ei
ca. 150 g geschälte Pecan-Nüsse
3 EL Sahne
1 unbehandelte Zitrone
1 Msp. Zimt
Mehl zum Ausrollen

Das Mehl auf eine Arbeitsfläche geben, in die Mitte eine Mulde drücken, 125 g Butter in kleinen Flöckchen auf dem Rand verteilen. Die Hefe in der kalten Milch verrühren, bis sie sich aufgelöst hat. Zusammen mit 40 g Zucker, dem Salz und dem Eigelb in die Mulde geben. Von der Mitte ausgehend zuerst mit einem Messer, dann mit kühlen Händen alles zu einem Teig verarbeiten, in Pergamentpapier einwickeln und im Kühlschrank ca. 30 Minuten ruhen lassen. Der Teig sollte nicht aufgehen. In der Zwischenzeit für die Füllung 30 g Butter und 50 g Zucker schaumig rühren. 12 schöne Pecan-Hälften zur Seite legen. Die restlichen Nüsse nicht zu fein mahlen. Zusammen mit der Sahne, 1 Teelöffel Zitronensaft und 1 Msp. abgeriebene Zitronenschale sowie dem Zimt zu der Butter-Zucker-Mischung geben und zu einem Teig vermischen. Den Hefeteig aus dem Kühlschrank nehmen und auf der bemehlten, kühlen Arbeitsfläche etwa ½cm dick ausrollen. Mit dem Teigrädchen in etwa 10 cm große Quadrate schneiden, diese mit der Nußfüllung bestreichen, dabei die Ränder aber frei lassen. Aufrollen und zu kleinen Hörnchen rollen. Ein Backblech mit Backpapier auslegen und die Hörnchen daraufsetzen. Das Ei verquirlen und die Hörnchen damit bestreichen. Zugedeckt an einem warmen Ort ca. 20 Minuten gehen lassen. Den Ofen auf 200 Grad vorheizen. Die Pecan-Hörnchen vorsichtig in der Mitte etwas auseinanderziehen und jeweils mit einer Pecan-Nußhälfte belegen. Auf der zweituntersten Schiene im Ofen 20 bis 25 Minuten goldbraun backen. Aus dem Ofen nehmen, nach Wunsch mit Puderzucker bestreuen, warm servieren.

Gefüllte Grapefruit

Foto Seite 2

Zutaten für 4 Personen:

2 große Grapefruit
8 Eisbergsalatblätter
200 g körniger Frischkäse
150 g frische Gurke
100 g gehackte Pecan-Nüsse
Salz
frisch gemahlener Pfeffer

Die Grapefruits halbieren, mit dem Grapefruitlöffel oder -messer das Fruchtfleisch herauslösen und in kleine Stücke schneiden. Vier schöne Grapefruitfilets für die Garnitur zurückbehalten. Die Salatblätter waschen, trockentupfen und die ausgehöhlten Grapefruithälften damit auslegen. Die Gurke schälen und in feine Streifen schneiden. Mit dem Frischkäse und den gehackten Pecan-Nüssen mischen, mit Salz und frisch gemahlenem Pfeffer würzen. In die Grapefruithälften verteilen. Mit Klarsichtfolie abdekken und 30 Minuten im Kühlschrank ziehen lassen. Zum Servieren mit den Grapefruitfilets und eventuell mit einigen schönen Pecan-Nußhälften garnieren.

Amerikanische Pfannkuchen

(Pancakes)

Foto Seite 2

Zutaten für 12 Pancakes:

200 g Weizenmehl
2½ TL Backpulver
50 g feiner Zucker
½ TL Salz, 1 Ei
180 ml Milch
3 EL geschmacksneutrales Öl oder flüssige Butter oder Margarine

Das Mehl, das Backpulver, den Zucker und das Salz in eine Rührschüssel geben. Das Ei, die Milch und das flüssige Fett in einem Rührbecher mit dem elektrischen Handrührgerät verschlagen und zu den trockenen Zutaten geben. So lange schlagen, bis ein glatter, geschmeidiger Teig entstanden ist. Eine Pfanne mit schwerem Boden, der die Temperatur gut und gleichmäßig speichert, bei mäßiger Temperatur heiß werden lassen. Mit einigen Tropfen Öl einfetten. Mit einem Löffel den Teig zu kleinen Pfannkuchen in die Pfanne setzen. Die Temperatur auf kleine Stufe zurückschalten. Wenn die Pfannkuchen aufgegangen sind und sich auf der Oberseite kleine Blasen gebildet haben, die Pfannkuchen vorsichtig wenden und auf der zweiten Seite auch goldgelb backen. Sofort noch heiß servieren. Dazu paßt: Butter und Ahornsirup, Apfelkraut, Orangenmarmelade, Honig oder Melasse.

Anmerkung: Pancakes kennt man auch unter der Bezeichnung Griddlecake. Griddle heißt die flache Pfanne fast ohne Rand, in der dieser Kuchen gebacken wird.

Kleine Biskuits aus Backpulver

(Baking Powder Biscuits)

Zutaten für 18 bis 20 Brötchen:

300 g Weizenmehl
3 TL Backpulver
1 TL Salz
50 g Butter oder Margarine
ca. 150 ml Milch
Mehl zum Auskneten
Butter oder Margarine zum Einfetten

Das Mehl, das Backpulver und das Salz in eine Rührschüssel sieben. Das Fett in kleinen Flocken hinzugeben und mit dem Knethaken zu einer krümeligen Masse verarbeiten. Nach und nach so viel Milch hinzugeben, daß ein geschmeidiger Teig entsteht. Den Teig auf die bemehlte Arbeitsplatte geben und ½ Minute leicht kneten. Ein Backblech einfetten. Den Teig mit der flachen Hand oder dem Nudelholz zu einer ca. 1 cm dicken Platte ausrollen. Mit einem Glas 7 bis 8 cm große Kreise ausstechen und auf das Backblech legen. Achtung: die Biskuits bekommen eine schöne knusprige Kruste, wenn sie auf dem Backblech nicht zu nah aneinander liegen. Den Ofen auf 225 Grad vorheizen und die Biskuit-Brötchen 12 bis 15 Minuten knusprig backen. Noch heiß servieren.

Schnelle Brötchen

(Quick Rolls)

Zutaten für 10 Brötchen:

180 ml Milch
1 EL Zucker (15 g)
½ TL Salz
50 g Margarine
300 g Weizenmehl
1 Würfel Frischhefe
Margarine oder Öl zum Einfetten
Mehl zum Auskneten

Die Milch, den Zucker, das Salz und die Margarine in einen kleinen Topf geben und aufwärmen, bis das Fett geschmolzen ist. Von der Kochstelle nehmen und lauwarm abkühlen lassen. Die Hefe hineinbröckeln und durch Rühren auflösen. Die Hälfte des Weizenmehls hinzugeben und mit dem Knethaken des elektrischen Handrührgeräts oder der Küchenmaschine gut verrühren. Das restliche Weizenmehl hinzufügen und alles zu einem geschmeidigen Teig verkneten. Die Schüssel und den Teig mit flüssiger Margarine oder Öl einpinseln. Zudecken und an einem warmen Ort 30 bis 40 Minuten gehen lassen, bis sich das Teigvolumen verdoppelt hat. Ein Backblech einfetten. Den Teig auf die bemehlte Arbeitsfläche geben, in 10 gleichgroße Stükke teilen. Jedes Stück kurz kneten und zu einem kleinen Brötchen formen. Auf das gefettete Backblech geben, mit einem Tuch zudecken und an einem warmen, zugfreien Ort noch einmal ca. 20 Minuten gehen lassen, bis die Brötchen das doppelte Volumen erreicht haben. Den Ofen auf 225 Grad vorheizen. Die Brötchen auf der mittleren Schiene goldbraun backen.

Anmerkung: Der Teig kann auch zu kleinen Bällchen geformt und zum Gehen und Backen in eine eingefettete Muffinform gegeben werden.

Maisbrot

(Cornbread)

Zutaten für 1 kleines Kastenbrot:

250 g Weizenmehl
100 g Maismehl
3 TL Backpulver
½ TL Salz
30 g Zucker (2 EL)
1 Ei, 4 EL Öl
knapp ¼ l Milch
Margarine zum Einfetten

Eine Springform einfetten. Den Ofen auf 200 Grad vorheizen. Das Weizenmehl, das Maismehl, das Backpulver, das Salz und den Zucker in eine Rührschüssel sieben. Das Ei, die Milch und das Öl in einen Rührbecher geben und mit dem elektrischen Rührhaken gut verschlagen. Zu den trockenen Zutaten geben und bei höchster Stufe kurz und schnell zu einem Teig verrühren, der nicht ganz glatt werden muß. In die gefettete Form geben und auf der zweituntersten Schiene 25 bis 30 Minuten backen. Mit einem Zahnstocher oder einer Nadel die Garprobe machen. Wenn kein Teig mehr kleben bleibt, das Maisbrot aus dem Ofen nehmen. Aufschneiden und noch heiß servieren.

Anmerkung: Besonders gern wird dieses Maisbrot mit Butter bestrichen oder mit Honig beträufelt serviert.

Gebackener Maisbrei mit Wurstbrät

(Sausage Scrapple)

Zutaten für ca. 30 Scheiben:

2 große Zwiebeln
350 g Wurstbrät
200 g gelbes Maismehl
1 EL Salz
1 TL Geflügelwürze
1/8 TL Pfeffer
1 TL Selleriesalz
1/2 TL Currypulver
4 bis 5 EL Butter, Margarine oder Öl
Butter oder Margarine zum Einfetten

Die Zwiebeln schälen und grob würfeln. Zusammen mit 1 1/4 Liter kaltem Wasser in einen großen Topf geben. Das Wurstbrät einrühren und bei geöffnetem Topf und kleiner Hitze 10 Minuten köcheln lassen. Das Maismehl sieben. Unter ständigem Rühren nach und nach in die kochende Flüssigkeit geben, die Gewürze hinzufügen und weitere 10 Minuten köcheln lassen, dabei gelegentlich umrühren. Einen kleinen Bräter oder eine Kastenform einfetten. Den Maisbrei hineingeben, glattstreichen und erkalten lassen. In einer Pfanne mit schweren Boden etwas Ol, Butter oder Margarine erhitzen. Den erkalteten Maisbrei in etwa 1 cm dicke Scheiben schneiden und in dem heißen Fett von beiden Seiten goldbraun backen. Sofort servieren.

Heiße Rosinenbrötchen

(Hot Cross Buns)

Zutaten für 24 Brötchen:

250 ml Milch
60 g Fett
150 g + 1 TL Zucker
1/2 TL Salz, 1 Ei
1 Würfel Frischhefe
100 g Rosinen (ohne Kerne)
1 TL Zimt
1/2 TL Piment
500 bis 600 g Mehl
Margarine oder Öl zum Einfetten
Mehl zum Auskneten
1 Eiweiß
100 bis 150 g Puderzucker

Die Milch in einen Topf geben und zum Kochen bringen. Von der Kochstelle nehmen. Das Fett, 150 g Zucker und das Salz hineinrühren und lauwarm werden lassen. Die Hefe in 2 Eßlöffel lauwarmes Wasser hineinbröckeln und mit 1 Teelöffel Zucker verrühren, bis sie sich aufgelöst hat. Die Hefe, das Ei, die Rosinen, den Zimt und das Piment in die Milch-Mischung geben und gut verrühren.
Anschließend mit dem Rührhaken so viel Mehl in die Mischung einrühren, bis ein geschmeidiger, weicher Teig entstanden ist. Eine Schüssel mit flüssiger Margarine oder Öl auspinseln, den Teig hineingeben und zugedeckt an einem warmen Ort ca. 1 1/2 Stunden gehen lassen, bis sich das Teigvolumen verdoppelt hat. Ein Backblech einfetten. Den Teig auf die bemehlte Arbeitsfläche geben, vorsichtig kneten und zu 24 kleinen Brötchen formen. Auf das gefettete Backblech geben. Das Eiweiß mit dem Schneebesen schaumig schlagen und die Oberfläche der Brötchen damit einstreichen. Mit einem Tuch abdecken und die Brötchen an einem warmen, zugfreien Ort noch einmal ca. 45 Minuten gehen lassen, bis sie sich im Volumen verdoppelt haben. Den Ofen auf 200 Grad vorheizen. Mit einer Küchenschere jedes Brötchen kreuzweise einschneiden. Auf der mittleren Schiene 25 Minuten goldbraun backen. Aus dem Ofen nehmen und etwas abkühlen lassen. Den Puderzucker mit etwas Wasser zu einem Guß verrühren. Die abgekühlten Rosinenbrötchen dick damit bestreichen.

Anmerkung: Besonders fein schmecken die Rosinen-Brötchen, wenn man die Rosinen in etwas Rum oder Portwein einweicht, bevor man sie in den Teig gibt. Auch fein gehackte Pecan- oder Haselnüsse verfeinert dieses Frühstücksgebäck, das auch zwischendurch als kleiner Snack angeboten wird. Versuchen Sie es auch mal warm mit Butter bestrichen.

Party-Mais-Brötchen

(Cornbread)

Zutaten für ca. 40 Brötchen:

2 bis 3 Maiskolben ohne Blätter
1/4 l Milch
6 EL Butter
2 Eigelb
3 Tassen Maismehl
2 Tassen Weizenmehl
3 TL Backpulver
Salz
Cayennepfeffer
1 EL gehackter Dill oder getrocknete Dillspitzen
2 Eiweiß
1 EL Butter zum Einfetten

Von einem der Maiskolben die ganzen Kerne abschaben. Von den anderen mit einem scharfen Messer die oberen Hälften der Kerne in Längsrichtung abschneiden und die Kernreste mit dem Messerrücken abschaben. Alle Kerne in die Milch geben und 10 Minuten bei schacher Hitze leicht kochen lassen. Die Butter schmelzen und abkühlen lassen. Zum Mais geben und gut verrühren, alles abkühlen lassen. Die Eigelb verquirlen und unter Rühren in die Milch geben. Beide Mehlsorten mit dem Backpulver mischen und nach und nach unter die Masse rühren. Zu einem Teig verarbeiten. Mit Salz, Cayennepfeffer und kleingehacktem Dill würzen. Die Eiweiß steifschlagen und unter die Masse heben. Den Ofen auf 180 Grad vorheizen. Muffinformen mit Butter einfetten. Zur Hälfte mit dem Teig füllen. Die Brötchen in 10 bis 15 Minuten goldbraun bakken, herausnehmen und noch warm servieren.

Anmerkung: Schneller geht es, wenn man Gemüsemais aus der Dose verwendet.

Maiskuchen

(Jonny Cake)

Zutaten für 1 kleines Backblech:

150 g Weizenmehl
1 TL Salz
1 TL Natron
1 1/2 TL Backpulver
20 g Zucker
250 g gelbes Maismehl
2 große Eier
3/8 l Buttermilch
6 EL Öl oder zerlassene Butter

Den Ofen auf 190 Grad vorheizen. Das Mehl, das Salz, das Natron, das Backpulver und den Zucker in eine Rührschüssel sieben. Das Maismehl hinzufügen und gut vermischen. In einem Rührbecher die Eier, die Milch und das Fett mit dem elektrischen Handrührgerät verschlagen. Zu den trockenen Zutaten geben und bei höchster Stufe schnell und kurz vermischen, ohne daß der Teig glatt wird. Das Backblech einfetten, den Teig darauf geben und 30 bis 35 Minuten backen. Aufschneiden und heiß servieren.

Lunch - Die schnelle Zwischenmahlzeit

"Soup and Sandwich" heißt die Devise zum Mittagessen. Es soll schnell gehen, nicht schwer im Magen liegen und sättigen. Die Auswahl an Suppen und vor allem an schnellen Sandwiches ist groß.

Amerikanisches Weißbrot

(American White Bread)

Zutaten für 1 Brotlaib:

1 Päckchen Trockenhefe
¼ l lauwarme Milch
30 g Zucker
400 bis 450 g feines Weizenmehl
2 bis 3 EL Butter
1 TL Salz
Butter zum Einfetten
1 Ei zum Bestreichen

In einem Rührbecher die Hefe zusammen mit ⅛ l lauwarmer Milch und 1 Teelöffel Zucker so lange rühren, bis sich der Zucker völlig aufgelöst hat. Die Mischung zudekken und an einem zugfreien Ort 10 bis 12 Minuten aufgehen lassen, bis sich an der Oberfläche Blasen gebildet haben und sich das Volumen etwa verdoppelt hat. Die Hefe in eine große Rührschüssel geben und mit der restlichen Milch verrühren. Mit dem elektrischen Rührhaken bei mittlerer Geschwindigkeit zunächst nach und nach etwa 150 g Mehl einrühren und zu einem glatten Teig verarbeiten. Anschließend unter ständigem Rühren die Butter, den restlichen Zucker, das Salz und noch einmal ca. 150 g Mehl hinzufügen. Den Teig auf die bemehlte Arbeitsfläche legen und nun mit der bemehlten Hand mindestens 10 Minuten kneten. Damit er nicht an den Händen und an der Arbeitsfläche klebt, alle paar Minuten den Teig mit ein wenig Mehl bestäuben.
Eine Schüssel mit ein wenig Öl oder Butter ausstreichen, den mit Mehl bestäubten Teig hineinlegen und mit einem Tuch zugedeckt an einem warmen, zugfreien Ort 45 bis 60 Minuten aufgehen lassen. Den Teig in der Schüssel einmal kurz kneten, damit er wieder etwas zusammenfällt und noch einmal 30 bis 40 Minuten aufgehen lassen, bis sich das Teigvolumen wieder verdoppelt hat.
Den Ofen auf 175 Grad vorheizen. Eine Kastenform gut mit Butter einfetten. Den Teig auf der bemehlten Arbeitsfläche zu einem leicht abgerundeten Laib formen und in die Backform legen. Mit einem Tuch abdecken und noch einmal 25 Minuten aufgehen lassen, bis er den Rand der Form erreicht hat. Ein Ei mit etwas Milch verschlagen und die Oberfläche des Brotes damit bepinseln. Auf der zweituntersten Schiene im Ofen 30 bis 40 Minuten backen. Die Garprobe machen, d. h. mit einem Holzstäbchen (Zahnstocher) in die Mitte des Brotes stechen und herausziehen. Bleibt kein Teig hängen, ist das Brot gebacken. Aus dem Ofen nehmen, auf das Kuchengitter stürzen und etwas abkühlend lassen, ehe es angeschnitten wird.

Eier-Sandwich (warm)

(Egg Sandwich)

Zutaten für 4 Personen:

4 frische große Eier
3 bis 4 EL Butter oder Margarine
1 EL Öl
Salz, frisch gemahlener Pfeffer
4 Scheiben Amerikanisches Weißbrot oder Toastbrot
4 EL Tomatenketchup

In einer Pfanne 1 Eßlöffel Öl und 1 bis 2 Eßlöffel Butter erhitzen, die Eier hineinschlagen und zu Spiegeleiern braten. Vier Scheiben Toastbrot auf einer Seite mit Butter bestreichen, die Spiegeleier daraufgeben, mit Salz und frisch gemahlenem Pfeffer würzen. Zum Schluß je 1 Eßlöffel Tomatenketchup darübergeben, sofort servieren.

Anmerkung: Besonders gut schmecken die Eiersandwich auf knusprigem Speck.

Eier-Sandwich (kalt)

(Cold Egg Sandwich)

Zutaten für 4 Sandwiches:

6 hargekochte Eigelb
2 EL zerlassene Butter oder Margarine, ersatzweise feines Öl
¼ TL mittelscharfer Senf
1 TL Worcestershire-Sauce
Salz
8 Scheiben Amerikanisches Weißbrot oder Toastbrot

Alle Zutaten mit einer Gabel gut vermischen und die Brotscheiben damit bestreichen.

Variante: 6 hartgekochte, feingehackte Eiweiß mit 2 EL Mixed Pickles Relish, 2 EL grünem Paprikawürfel und 3 EL Mayonnaise vermischen, mit Salz abschmecken. Die Toastbrotscheiben damit bestreichen.

Bananen-Baguette

(Big Banana Sandwich)

Foto rechts

Zutaten für 1 Portion:

50 g gekochter Schinken
1 kleine Banane
1 kleine Tomate
50 g Emmentaler Käse
1 Baguette-Brötchen
1 EL Butter
Salz
grob gestoßener Pfeffer
Currypulver

Den Schinken in feine Streifen schneiden. Die Banane schälen und in dicke Scheiben schneiden. Die Tomate waschen, trockenreiben, achteln, dabei den Stielansatz entfernen. Den Käse grob raspeln. Das Brötchen längs aufschneiden und beide Innenseiten mit Butter bestreichen. Nacheinander auf die untere Hälfte den Schinken, die Banane, die Tomate geben, mit Salz, Pfeffer und Curry pikant würzen und den Käse darüberstreuen. Die obere Hälfte auflegen, mit 2 oder 3 Zahnstochern zusammenstecken. Den Grill aufheizen und das Brötchen 5 bis 8 Minuten grillen, bis der Käse cremig geschmolzen ist.

Tomaten-Creme-Suppe

(Cream of Tomato Soup)

Zutaten für 4 Portionen:

30 g Butter
3 EL Mehl (45 g)
2 TL Salz
1/8 TL gemahlener Pfeffer
450 ml Milch
1 große Dose
geschälte Tomaten
1 kleine Zwiebel
1/4 TL Selleriesalz
1/2 TL Zucker
1 kleines Lorbeerblatt
1 Nelke

Die Butter im Wasserbad schmelzen, das Mehl, 1 1/2 Teelöffel Salz und den frisch gemahlenen Pfeffer hinzugeben und gut verrühren. Die Milch angießen und unter ständigem Rühren mit dem Schneebesen dick werden lassen. Die Tomaten fein pürieren. Die Zwiebel schälen und klein würfeln. In einem Topf die Tomaten, die Zwiebelwürfel, das Selleriesalz, das restliche Salz, den Zucker, das Lorbeerblatt und die Nelke 5 Minuten bei mäßiger Hitze kochen. Durch ein Sieb geben und nach und nach in die eingedickte Milch einrühren. Unter ständigem Rühren 1 Minute kochen. Sofort servieren.

Käse-Creme-Suppe

(Cream of Cheese Soup)

Zutaten für 4 Portionen:

150 g Karotten
200 g Sellerieknolle
2 Würfel Instant-Hühnerbrühe
1 große Zwiebel
45 g Butter
70 g Mehl
1/8 TL Pfeffer
450 ml Milch
250 g geriebenen Cheddar-Käse (ersatzweise Chester-Käse)
2 EL gehackte Petersilie

Die Karotten putzen, waschen und in sehr feine Stifte schneiden. Die Sellerieknolle schälen und fein würfeln. Die Suppenwürfel in 450 ml kochendem Wasser auflösen, die Karotten und die Sellerie hinzugeben und zugedeckt 10 Minuten bei mäßiger Hitze kochen lassen. Die Zwiebel schälen und fein hacken. In einem Topf die Butter zerlassen, die Zwiebel hinzufügen und glasig werden lassen. Unter ständigem Rühren das Mehl hinzufügen und aufschäumen lassen. Die Milch und die Hühnerbrühe angießen und unter ständigem Rühren so lange kochen lassen, bis die Suppe eingedickt ist. Den geriebenen Cheddar-Käse einrühren und mit gehackter Petersilie garniert servieren.

Champignon-Creme-Suppe

(Cream of Mushroom Soup)

Zutaten für 4 Portionen:

150 g frische Champignons
30 g Butter
1 kleine Zwiebel
1/4 TL Selleriesalz
2 Würfel Instant-Hühnerbrühe oder Rindfleischbrühe
45 g Mehl
450 ml Milch
1 TL Salz
1/8 TL frisch gemahlener Pfeffer

Die Champignons kurz abbrausen, mit Haushaltspapier trockentupfen und blättrig schneiden. Die Zwiebel schälen und sehr fein (fast musig) hacken. In einem Topf die Hälfte der Butter zerlassen und die Champignons, die Zwiebel und das Selleriesalz 5 Minuten kochen. Die Suppenwürfel in 450 ml kochendem Wasser auflösen und zu den Champignons geben. Weitere 10 Minuten bei geöffnetem Deckel köcheln lassen. In der Zwischenzeit die restliche Butter in einem Topf zerlassen, das Mehl hinzufügen und aufschäumen lassen. Mit Salz und Pfeffer würzen und unter ständigem Rühren bei mäßiger Hitze dicklich werden lassen. Die Champignonsuppe einrühren und heiß servieren.

Gemüse-Suppe

(Vegetable Soup)

Zutaten für 6 Portionen:

500 g Suppenfleisch
2 1/2 EL Salz
1 Knoblauchzehe
1 kleine Zwiebel
1/8 TL frisch gemahlener Pfeffer
150 g grüne Bohnen
1/2 Sellerieknolle (ca. 150 g)
150 bis 200 g Weißkohl
150 g Karotten
1 große Dose geschälte Tomaten
150 g Erbsen (frisch oder tiefgekühlt)
150 g Erbsen (frisch oder tiefgekühlt)
1 Bund Petersilie

Das Suppenfleisch kurz abbrausen und mit gut 2 Liter kaltem Wasser und 2 Eßlöffeln Salz zum Kochen bringen. Mit dem Schaumlöffel den aufsteigenden Schaum abschöpfen und die Suppe bei kleinster Hitze ca. 4 Stunden köcheln lassen. Das Fleisch aus der Brühe nehmen, vom Knochen lösen und in mundgerechte Stücke zerteilt wieder in die Suppe geben. Die Bohnen fädeln und sehr fein schnippeln. Die Sellerieknolle schälen und fein würfeln. Den Weißkohl abbrausen und in feine Streifen schneiden oder fein hobeln. Die Karotten putzen, waschen und in sehr feine Streifen schneiden. Die Tomaten fein pürieren. Das Gemüse in die Suppe geben und ca. 30 Minuten kochen lassen. Die Petersilie waschen, trockenschwenken und fein hakken. Die Hälfte in die Suppe geben und kurz mitkochen lassen. Die Suppe mit der restlichen Petersilie bestreut servieren.

Gebundene Mais-Suppe

(Corn Chowder)

Zutaten für 6 Portionen:

200 g Speck
1 große Zwiebel
1000 g mehligkochende Kartoffeln
1 Dose Gemüse-Mais
1 Liter Milch
2 TL Salz
1/8 TL frisch gemahlener Pfeffer
1/4 TL Paprikapulver

Den Speck in feine Würfel schneiden. Die Zwiebel schälen und fein hacken. Die Kartoffeln schälen und in sehr kleine Wüfel schneiden. In einem großen Topf die Speckwürfel auslassen und knusprig braten. Die Zwiebel hinzufügen und glasig werden lassen. Zum Schluß die Kartoffeln und 450 ml Wasser hinzugeben und zugedeckt in ca. 20 Minuten weich kochen. Den Mais und die Milch hinzufügen. Mit Salz, frisch gemahlenem Pfeffer und Paprika pikant abschmecken. Noch einmal aufkochen lassen und sofort servieren.

Schwarze Bohnen-Suppe

(Black Bean Soup)

Zutaten für 6 bis 8 Personen:

500 g schwarze kleine Bohnen
4 EL Butter
2 große Zwiebeln
2 bis 3 Knoblauchzehen
3 Stangen Lauch
150 g Stangensellerie
2 Lorbeerblätter
2 große oder 3 kleine geräucherte Schweinehaxen
1 kg Suppenknochen (Rind)
8 schwarze Pfefferkörner
4 cl Madeira
1 Bund Petersilie
3 Eier
1 unbehandelte Zitrone

Die Bohnen verlesen, in eine große Schüssel geben und

mehrmals mit kaltem Wasser waschen. Dazu die Bohnen unter Wasser zwischen den Händen reiben, um etwaigen angetrockneten Schmutz zu entfernen. Im Sieb abgießen, wieder in die Schüssel geben und mit der 3-fachen Menge Wasser über Nacht quellen lassen.
Die Zwiebeln und die Knoblauchzehen schälen und grob hacken. Den Lauch und den Stangensellerie putzen und etwas zerkleinern. In einem großen Suppentopf die Butter schmelzen, das Gemüse und die Gewürze hineingeben und unter ständigem Wenden 3 Minuten sautieren. Die Schweinshaxen und die Suppenknochen hinzugeben und weitere 3 bis 4 Minuten anbraten. Die über Nacht eingeweichten Bohnen abgießen, in den Suppentopf geben und mit 2 bis 3 Liter Wasser angießen. Bei stärkster Hitze zum Kochen bringen. Mit einem großen Schaumlöffel abschäumen, die Hitze reduzieren, den Topf halb zudecken und die Suppe mindestens 3 Stunden schwach kochen lassen, bis sich die Bohnen leicht mit einer Gabel zerdrücken lassen. Zwischendurch umrühren und wenn nötig, weiteres Wasser hinzugeben. Die Bohnen sollten immer etwa ½ cm mit Wasser bedeckt sein. Von der Kochstelle nehmen, leicht abkühlen lassen, die Schweinshaxen, das Lorbeerblatt und die Suppenknochen herausnehmen. Die Bohnen durch einen Gemüsedurchschlag oder ein feines Sieb treiben. Das Püree mit seiner Flüssigkeit in den Topf zurückgeben, eventuell mit Salz, frisch gemahlenem Pfeffer und dem Madeira-Wein abschmecken und einmal kurz aufkochen lassen. In der Zwischenzeit die Eier mit genügend Wasser 10 bis 12 Minuten hartkochen, mit kaltem Wasser abschrekken und abpellen. Grob hakken. Die Petersilie waschen, trockenschwenken und in einzelne Sträußchen auseinanderzupfen. Die Zitrone waschen, trockenreiben und in sehr feine Scheiben schneiden. Die Suppe mit den hartgekochten Eiern, den Petersiliensträußchen und den Zitronenscheiben garniert servieren.

Truthahn-Sandwich

(Cold Turkey Sandwich)

Zutaten für 4 Personen:

8 Scheiben kalte Putenbrust oder Putenkeule
1 Päckchen Instant-Sauce (Jäger- oder Rahmsauce)
4 Scheiben Brot
50 g Butter oder Margarine
Cornichons oder Mixed pickles

In einem kleinen Topf die Sauce in die angegebene Menge lauwarmes Wasser einrühren und unter ständigem Rühren zum Kochen bringen. Je nach Packungsanweisung 1 bis 3 Minuten kochen. Je 1 Scheibe Brot auf einen Teller legen, mit Butter bestreichen und mit dem Putenfleisch belegen. Mit der heißen Sauce begießen und sofort servieren. Cornichons oder Mixed Pickles dazureichen.

TLC-Sandwich

Sandwich mit Tomaten, Salat und Käse

(Tomato, Lettuce and Cheese Sandwich)

Zutaten für 4 doppelte Sandwiches:

4 Blätter grüner Salat oder Eisbergsalat
2 Fleischtomaten
8 Scheiben Amerikanisches Weißbrot oder Toastbrot
1 EL Butter
1 EL Mayonnaise
Salz
frisch gemahlener Pfeffer

Den Salat waschen und gut trockenschwenken. Die Tomaten waschen und in nicht zu dünne Scheiben schneiden, dabei den Stielansatz entfernen. Vier Scheiben Brot auf einer Seite mit Butter bestreichen. Mit je 1 Blatt Salat und 2 oder 3 schönen Scheiben Tomaten belegen, mit Salz und frisch gemahlenem Pfeffer bestreuen, die Käsescheibe darauflegen. Das restliche Brot auf einer Seite mit Mayonnaise bestreichen und mit der bestrichenen Seite nach unten auf das Sandwich legen. Mit Zahnstochern die beiden Brotscheiben zusammenhalten und einmal quer zum Dreieck durchschneiden.

BLC-Sandwich

Sandwich mit Speck, Salat und Käse

(Bacon, Lettuce and Cheese Sandwich)

Zutaten für 4 Sandwiches:

250 g Frühstücksspeck (in sehr feine Scheiben geschnitten)
4 Blatt grüner Salat oder Eisbergsalat
4 Scheiben Käse nach Wahl
8 Scheiben Amerikanisches Weißbrot oder Toastbrot
1 EL Butter
1 EL Mayonnaise

Den Speck in einer kalten Pfanne mit schwerem Boden dicht nebeneinander in einer Schicht anordnen. Auf die Kochstelle bringen und bei Mittelhitze langsam ausbraten, das Fett dabei von Zeit zu Zeit abgießen und den Speck mehrmals wenden. Wenn die Scheiben schön knusprig sind, mit einer Gabel vorsichtig aus der Pfanne heben und auf Haushaltspapier etwas abfetten lassen. Den Salat waschen und gut trockenschwenken. Vier Scheiben Weißbrot auf einer Seite mit Butter bestreichen, mit je 1 Salatblatt, 4 oder 5 Scheiben ausgelassenem Speck und 1 Scheibe Käse belegen. Das restliche Brot auf einer Seite mit Mayonnaise bestreichen und mit der bestrichenen Seite nach unten auf das Sandwich geben. Mit Zahnstochern zusammenstecken und einmal quer zum Dreieck durchschneiden. Sofort servieren.

Club Sandwich

(Club Sandwich)

Zutaten für 4 Personen:

4 Blatt grüner Salat oder Eisbergsalat
1 Hähnchenbrust gekocht, entbeint und gehäutet
2 Fleischtomaten
12 Scheiben Amerikanisches Weißbrot oder Toastbrot
1 bis 2 EL Butter oder Margarine
5 bis 6 EL Mayonnaise
8 bis 12 Scheiben knusprig gebratener Frühstücksspeck
Petersilien-Sträußchen oder gefüllte Oliven zum Garnieren

Vier Scheiben Toast auf einer Seite mit Butter bestreichen, die restlichen Scheiben auf einer Seite mit Mayonnaise bestreichen. Nun jedes Sandwich wie folgt zusammensetzen: 1 Scheibe Toast mit Butter bestrichen, 1 Blatt Salat, einige Scheiben Hähnchenbrust, 1 Scheibe Toast mit Mayonnaise, die bestrichene Seite nach unten, 2 oder 3 Scheiben Tomaten, 2 bis 3 Scheiben knusprigen Frühstücksspeck und zum Abschluß mit der bestrichenen Seite nach unten 1 Mayonnaise-Tostscheibe. Mit genügend langen Holzstäbchen zusammenstecken und jedes Sandwich kreuzweise zu kleinen Dreiecken schneiden. Mit Petersilie oder Oliven garniert servieren.

Dinner
Die Hauptmahlzeit

Neben dem Frühstück ist das Dinner die Hauptmahlzeit des Tages, die entweder um die Mittagszeit oder am Abend die ganze Familie um den Tisch vereint. Suppe, Fleisch, jede Menge Beilagen und nicht zuletzt eine süße Nachspeise bilden ein komplettes Dinner.

Pökelfleisch mit Gemüsebeilage

(Boiled Dinner)

Zutaten für 6 Personen:

2000 g leicht gepökeltes Rinderfleisch
1 Weißkohl (ca. 1000 g)
1500 bis 2000 g kleine, neue Kartoffeln (12 bis 16 Stück)
500 g Karotten (6 bis 8 Stück)
12 kleine Zwiebeln
500 g rote Beete (ca. 6 Stück)
1 Bund Petersilie

Das Fleisch in einen sehr großen Suppentopf legen und mit so viel Wasser bedecken, daß es etwa eine Handbreit über dem Fleisch steht. Bei starker Hitze zum Kochen bringen und mit dem Schaumlöffel mehrere Male abschäumen. Bei kleiner Hitze und halb zugedecktem Topf 4 bis 6 Stunden kochen, bis das Fleisch schön weich ist. Zwischendurch gegebenenfalls etwas Wasser hinzufügen, damit das Fleisch immer bedeckt bleibt. In der Zwischenzeit den Weißkohl von den äußeren dunklen, schadhaften Blättern befreien, mit einem großen Messer längs vierteln und den Strunk herausschneiden. Im kochenden Wasser 15 Minuten brühen. Die Kartoffeln schälen und mit wenig Wasser weichkochen. Die Möhren putzen und bißfest garen. Die Zwiebeln schälen und in wenig Salzwasser 5 bis 10 Minuten kochen. Die roten Beete gründlich waschen, das Kraut abschneiden, dabei jedoch darauf achten, daß die Beete nicht verletzt wird, damit sie im Wasser nicht ausblutet. In einen Topf mit genügend Wasser 30 bis 60 Minuten kochen, bis die Beete weich sind. Abgießen, etwas abkühlen lassen und schälen. Die Petersilie waschen, trockenschwenken und fein hacken. Zum Servieren das Pökelfleisch in Scheiben schneiden und in der Mitte einer großen vorgewärmten Platte anordnen. Das Gemüse um das Fleisch herumlegen und mit gehackter Petersilie bestreuen. Mit Meerrettichsenf und Mixed Pickles als Beigabe servieren.

Austernsuppe

(Oyster Soup)

Zutaten für 8 Personen:

24 große frische Austern
1/4 l trockener Weißwein
3 bis 4 kleine Zwiebeln
150 g Butter
1 bis 2 TL Currypulver
Salz, 5 Eigelb
200 g Crème fraîche
1 Bund Petersilie
1 kleine Frühlingszwiebel

Die Austern mit dem Austernbrecher vorsichtig öffnen (oder vom Fischhändler öffnen lassen). Ein Sieb mit einem Filterpapier auslegen, die Flüssigkeit der Auster vorsichtig durchgießen und auffangen. Den Wein in einem kleinen Topf erhitzen, die Austern vorsichtig aus der Schale heben und nacheinander in dem erhitzten Wein stocken lassen. Zugedeckt beiseite stellen.
Die Zwiebeln schälen und fein würfeln. In einem Topf die Butter erhitzen, die Zwiebelwürfel hineingeben und glasig dünsten. Das Currypulver hinzugeben und kurz anschwitzen. Die Austernflüssigkeit, den Wein und 3/8 Liter Wasser zugießen und 6 bis 8 Minuten kochen lassen. Das Eigelb mit der Crème fraîche verrühren. Die Petersilie waschen, trockenschwenken und hacken. Die Frühlingszwiebel putzen, waschen und in dünne Ringe schneiden (nach Wunsch mit etwas kochendem Wasser überbrühen, damit sie im Geschmack nicht zu scharf sind). Die Suppe abseien, nochmal aufkochen, von der Kochstelle nehmen und die Eigelbmischung einrühren, bis die Suppe leicht gebunden ist. Mit Salz abschmecken. Die Suppenteller vorwärmen und mit je 3 pochierten Austern belegen. Die Suppe darübergießen. Mit Petersilie und Frühlingszwiebeln bestreut servieren.

Tip: Austern sollten immer so frisch wie möglich zubereitet werden. Dank dem in der Schale befindlichen Meerwasser überleben sie bei einer Temperatur von 2 bis 7 Grad bis zu 20 Tagen. Geöffnete Austern sind ungenießbar und sollten unbedingt weggeworfen werden. Mit einigen Tropfen Zitronensaft kann man prüfen, ob die Austern noch lebt; sie zuckt nämlich auf die Säure zusammen.

Kalbsroulade "Sausalito"

(Veal Roulade "Sausalito")

Foto rechts

Zutaten für 4 Personen:

4 Kalbsrouladen aus der Keule à 180 g (dünn geschnittene große Schnitzel)
Salz
frisch gemahlener weißer Pfeffer
125 g kalifornische Rosinen
25 g gehackte Pistazien
50 g grob gemahlene Haselnüsse
40 g Mandelstifte, 1 Ei
1 Prise gemahlener Koriander
50 g Butter
1/8 l Rotwein
1/8 l Wasser
1 kleiner Becher Crème fraîche (100 g)

Die Rouladen auf der Arbeitsfläche ausbreiten und so flach wie möglich klopfen. Die Innenseiten mit Salz und frisch gemahlenem Pfeffer bestreuen. 75 g Rosinen, die Pistazien, die Haselnüsse und die Mandelstifte mit dem Ei vermischen und mit einer kräftigen Prise Koriander abschmecken. Die Masse auf die Rouladen streichen, diese aufrollen und mit Rouladengarn umwickeln. Die Butter in einem flachen Bräter erhitzen, die Rouladen bei nicht zu starker Hitze rundherum 10 Minuten anbraten. Mit Salz und frisch gemahlenem Pfeffer bestreuen. Den Wein und das Wasser angießen und das Fleisch zugedeckt weitere 20 Minuten schmoren lassen. Nach 10 Minuten die restlichen Rosinen zufügen. Die Rouladen aus dem Topf nehmen und warmstellen. Die Sauce mit der Crème fraîche binden, etwas einkochen lassen und mit Salz und frisch gemahlenem Pfeffer abschmekken. Die Rouladen und die Sauce getrennt servieren. Reis, süße Kartoffeln oder Kartoffelbrei dazu reichen.

Rindfleisch-eintopf

(Beef Stew)

Zutaten für 4 bis 5 Personen:

500 g Rindfleisch
(aus der Schulter)
4 EL Mehl
3 TL Salz, 1/8 TL Pfeffer
1 Knoblauchzehe
2 Zwiebeln
300 g Karotten
300 g Kartoffeln
200 g grüne Bohnen
1 Bund Petersilie
3 EL Butter, Margarine
oder Öl
1 Lorbeerblatt

Das Rindfleisch kurz abbrausen, mit Haushaltspapier trokkentupfen und in 3 bis 4 cm große Stücke schneiden. 2 Eßlöffel Mehl, 1 Teelöffel Salz und den Pfeffer vermischen, die Fleischstücke von allen Seiten darin wenden. Die Knoblauchzehe und die Zwiebeln schälen und fein hacken. Die Karotten putzen, die Kartoffeln schälen, die grünen Bohnen fädeln, alles waschen, abtropfen lassen und in kleine Stücke schneiden. Die Petersilie waschen, trockenschwenken und fein hacken. 3/4 Liter Wasser zum Kochen bringen. In einem großen Topf 2 Eßlöffel Butter, Margarine oder Öl erhitzen. Das Fleisch hineingeben und von allen Seiten gut anbraten. Die Zwiebelwürfel und die Knoblauchzehe hinzufügen, weitere 4 Minuten unter ständigem Rühren anbraten. Das Fleisch mit einem Schaumlöffel herausheben, das restliche Fett hineingeben, das restliche Mehl einrieseln lassen und anschwitzen. Das kochende Wasser angießen und eindikken. 1 Teelöffel Salz, das Fleisch und das Lorbeerblatt hineingeben und zugedeckt bei mittlerer Hitze 3 Stunden kochen lassen. Nun die Karotten, die Kartoffeln und die grünen Bohnen hinzufügen und weitere 20 bis 30 Minuten bei kleinster Hitze köcheln lassen. Mit Salz abschmecken. Mit der gehackten Petersilie servieren.

Anmerkung: Statt Kartoffeln kann dieser Eintopf auch mit 100 g Nudeln oder 100 g Reis zubereitet werden. Wer es mag, gibt zusammen mit dem Fleisch noch eine Dose geschälte Tomaten dazu.

Chili con carne

(Chili con carne)

Zutaten für 4 Portionen:

2 Zwiebeln
1 kleine grüne Paprikaschote
2 EL Butter, Margarine
oder Öl
500 g Rinderhack
1/8 l Instant-Fleischbrühe
1 Dose geschälte Tomaten
1 1/2 EL Chilipulver
1/4 TL Salz, 1 TL Zucker
1 bis 2 Knoblauchzehen
1 große Dose Kidney Bohnen

Die Zwiebeln schälen und in feine Ringe schneiden. Die Paprikaschote waschen, halbieren, entkernen und klein würfeln. In einem flachen Topf das Fett erhitzen, die Zwiebeln und die Paprikaschote hineingeben und weich braten. Das Fleisch hinzufügen und unter mehrmaligem Wenden braun anbraten. Das Chilipulver mit der fertigen Fleischbrühe anrühren. Die Knoblauchzehen schälen und musig hacken. Zusammen mit dem Chilipulver, den Tomaten aus der Dose, dem Salz und dem Zucker zu dem Fleisch geben. Zugedeckt bei mittlerer Hitze 1 Stunde kochen. Den Deckel abnehmen und weitere 30 Minuten kochen, bis das Fleisch weich ist. Falls notwendig etwas heißes Wasser hinzufügen, damit das Fleisch nicht anbrennt. Zum Schluß die Kidney Bohnen hinzufügen und erhitzen. Wer das Chili con carne dickflüssig wünscht, kann vor dem Servieren noch etwas heißes Wasser angießen.

Anmerkung: Chili con carne ist ein sehr scharfes Gericht, etwas milder wird es, wenn man statt des Chilipulvers 1 bis 2 Eßlöffel Rosenpaprika nimmt und mit etwas Cayennepfeffer nach Geschmack scharf würzt.

Muscheleintopf aus New England

(Boston Clam Chowder)

Zutaten für 4 bis 6 Personen:

125 g geräucherter, durchwachsener Speck
2 Zwiebeln
500 bis 600 g Kartoffeln
1 1/4 TL Salz
1/4 TL gemahlener Pfeffer
1/2 l Milch
2 Dutzend Venusmuscheln mit Saft
2 EL Butter oder Margarine
1 TL Mehl
10 bis 12 Crakers

Den durchwachsenen Speck klein würfeln. Die Zwiebeln schälen und in Ringe schneiden. Die Kartoffeln waschen, schälen und klein würfeln. In einem Topf mit schwerem Boden den durchwachsenen Speck knusprig auslassen. Die Zwiebeln hineingeben und unter Wenden glasig werden lassen. Die Kartoffelwürfeln, das Salz, den Pfeffer hinzufügen, 1/2 Liter Wasser angießen und zugedeckt bei mittlerer Hitze kochen lassen, bis die Kartoffeln weich sind, aber nicht zerfallen. Die Muscheln grob hacken, dabei darauf achten, daß keine Schalenreste zurückbleiben. Zusammen mit der Milch und 1 Eßlöffel Butter zu den Kartoffeln in den Topf geben und erhitzen. Den Saft der Muscheln durch ein Sieb oder einen Filter geben, in einem Topf zum Kochen bringen. Die restliche Butter mit dem Mehl verkneten und den Muschelsaft damit eindicken. Vor dem Servieren zu der Suppe geben. Mit zerbröselten Crakers bestreut servieren oder die Crakers dazu reichen.

Anmerkung: Frische, gründlich gewaschene Venusmuscheln gibt man 5 bis 10 Minuten in kochendes Wasser, bis sie sich öffnen. Nicht geöffnete Muscheln unbedingt wegwerfen!

Ochsenschwanz-Suppe

(Oxtail Soup)

Zutaten für 6 bis 8 Personen:

1500 g Pfund Ochsenschwanz
15 g Butter oder Margarine
oder 1 EL Öl
4 TL Salz
1 kleine Zwiebel
200 g Karotten
150 g Sellerieknolle
2 EL Naturreis (ungekocht)
2 bis 3 geschälte Tomaten

Den Ochsenschwanz kurz abwaschen, mit Haushaltspapier trockentupfen und in kleine etwa 4 bis 5 cm lange Stücke zerteilen. In einem großen Topf die Butter zerlassen, den Ochsenschwanz von allen Seiten gut anbraten. Mit 1 1/2 bis 2 Liter Wasser angießen, das Salz hinzufügen und zum Kochen bringen. Bei kleiner Hitze 3 1/2 Stunden köcheln lassen. Den Ochsenschwanz mit dem Schaumlöffel aus der Suppe nehmen, etwas abkühlen lassen und das Fleisch von den Knochen lösen. In sehr kleine Würfel schneiden und wieder in die Suppe geben. Die Zwiebel schälen und sehr fein (fast musig) hacken. Die Karotten putzen, waschen und in ganz dünne Streifen schneiden. Die Sellerieknolle schälen und fein würfeln. Die Zwiebel, die Karotten, die Sellerie und den Reis in die Suppe geben und weitere 30 Minuten bei mäßiger Hitze köcheln lassen, dabei mehrere Male den Schaum und eventuelles Fett abschöpfen. Die Tomaten fein pürieren und zu der Suppe geben. Einmal aufkochen lassen, heiß servieren.

Hühnerpastete

(Chicken Pie)

Zutaten für 6 Portionen:

1 Suppenhuhn (ca. 1000 g)
1 EL Salz
200 g Stangensellerie
1 Lorbeerblatt
14 kleine Zwiebeln
7 EL Butter oder Margarine
7 EL Mehl, 1 Tasse Milch
2 Tassen Hühnerbrühe
Salz, Pfeffer und Muskatblüte zum Abschmecken
½ TL Worcestershiresauce
1 EL Sherry
300 g Weizenmehl
3 TL Backpulver
50 g Butter oder Margarine
ca. 150 ml Milch

Das Suppenhuhn waschen und zerlegen. Den Stangensellerie waschen und etwas zerkleinern. Das Huhn, den Sellerie, 1 Eßlöffel Salz, das Lorbeerblatt in so viel kochendes Wasser geben, daß das Fleisch zur Hälfte bedeckt ist. Bei mäßiger Hitze 60 bis 90 Minuten kochen, bis das Fleisch weich ist.
Zwischendurch wenn nötig kochendes Wasser nachgießen. Die Zwiebel schälen und während der letzten halben Stunde mitkochen. Von der Kochstelle nehmen, etwas abkühlen lassen, das Hühnerfleisch entbeinen und in große Stücke schneiden. Zusammen mit den gekochten Zwiebeln in eine Kasserolle geben.
Im Wasserbad 7 Eßlöffel Butter oder Margarine schmelzen, 7 Eßlöffel Mehl hinzufügen und verrühren. 1 Tasse Milch und die Hühnerbrühe angießen und unter ständigem Rühren kochen, bis die Masse dicklich geworden ist. Mit Salz, frisch gemahlenem Pfeffer, Muskatblüte, Worcestershiresauce und Sherry abschmecken. Die Sauce über das Hühnerfleisch und die Zwiebeln gießen. Das Weizenmehl, das Backpulver und 1 Teelöffel Salz in eine Rührschüssel sieben. 50 g Butter oder Margarine in kleinen Flocken hinzugeben und mit dem Knethaken zu einer krümeligen Masse verarbeiten. Nach und nach so viel Milch hinzugeben, daß ein geschmeidiger Teig entsteht. Diesen auf die bemehlte Arbeitsplatte geben und ½ Minute leicht kneten. Mit der flachen Hand oder dem Nudelholz zu einer ca. 1 cm dicken Platte ausrollen. Mit einem größeren und einem kleineren Glas ca. 7 bis 8 cm große Ringe ausstechen. In die Kasserolle über das Hühnerfleisch geben. Mit Milch bepinseln. Den Ofen auf 225 Grad vorheizen und die Hühnerpastete 20 bis 25 Minuten backen, bis die Brötchen durchgebacken sind.

Variante:
Geben Sie die Hühnerfüllung in einen Teigboden aus 200 g Butter oder Margarine, 1 Ei und 200 bis 300 g Mehl. Alle Zutaten auf der Arbeitsfläche schnell zu einem Teig verarbeiten, wenn nötig unter Beigabe von etwas Eiswasser. In Pergamentpapier einwickeln und 30 Minuten im Kühlschrank ruhen lassen.
Halbieren und zu zwei Kreisen im Durchmesser der Form ausrollen. Eine Teigplatte in die Backform legen, die Füllung hineingeben und mit der 2. Platte abdecken. Einige Male mit einer Gabel einstechen. Backen.

Roastbeef (Rinder-Hochrippe)

(Roast Beef)

Zutaten für 8 bis 10 Personen:

1 Rinder-Hochrippe (Gewicht: 3 bis 4 kg)
Salz, frisch gemahlener Pfeffer, Mehl für die Sauce

Roastbeef auf amerikanische Art wird im Ofen gebraten. Dies kann nach zwei Methoden geschehen. Entweder das Fleisch bei 225 Grad Hitze 20 bis 30 Minuten scharf anbraten, anschließend die Hitze auf 125 Grad reduzieren und den Braten je nach Wunsch englisch, halb oder ganz durchbraten. Oder man brät das Fleisch auf die gesamte Zeit bei gleichbleibender Hitze von 150 bis 175 Grad. Das Rippenstück mit der Fettseite nach oben in einem flachen Bräter, der ein wenig größer ist als das Stück Fleisch, in den Ofen schieben. Je nach Wunsch vor, während oder nach dem Braten mit Salz und frisch gemahlenem Pfeffer bestreuen. Je nach Methode den Ofen auf die entsprechende Temperatur aufheizen. Das Fleisch kann nun braten, es braucht weder beschöpft, noch bepinselt zu werden. Auch darf es nicht abgedeckt werden. Die Bratzeit richtet sich nach der gewählten Bratmethode und der gewünschten Garstufe.

Methode 1: scharfes Anbraten, langsames Weiterbraten
pro 500 g 19 Minuten = englisch gebraten (rare), innen noch blutig
pro 500 g 24 Minuten = halb durchgebraten (medium), innen zart rot
pro 500 g 29 Minuten = gut durchgebraten (well done), nicht mehr rot

Methode 2: langsames Braten über die Gesamtzeit
pro 500 g 21 Minuten = eng lisch gebraten (raw), innen noch blutig
pro 500 g 27 Minuten = halb durchgebraten (medium), innen zart rot
pro 500 g 33 Minuten = gut durchgebraten (well done), nicht mehr rot

Wenn das Fleisch fertig gebraten ist, aus dem Ofen nehmen und auf einer angewärmten Platte 10 Minuten ruhen lassen, damit sich der Bratensaft wieder im Fleisch verteilt, bevor es angeschnitten wird. In der Zwischenzeit 2 bis 3 Eßlöffel Mehl in den Bräter geben und bräunen. Unter ständigem Rühren 2 bis 3 Tassen Wasser angießen, den Bratensaft ablöschen und zu einer cremigen Sauce eindicken. Mit Salz, frisch gemahlenem Pfeffer und etwas Worcestershiresauce abschmecken. Zu dem Roastbeef servieren. Zum Aufschneiden und Tranchieren zuerst am dicken Ende der Hochrippe eine dünne Scheibe abschneiden, damit das Fleisch gut steht. Anschließend mit einer großen Gabel unterhalb der obersten Rippe einstechen und die Scheiben entlang der Rippenknochen tranchieren und gleichzeitig voneinander trennen. Kartoffeln jeder Art dazu servieren.

Gebackener Schellfisch in Käse-Sauce

(Baked Haddock in Cheese Sauce)

Zutaten für 4 Personen:

2 EL Butter oder Margarine
2 EL Mehl
1 TL Salz
frisch gemahlener weißer Pfeffer
gut 200 ml Milch
200 g geriebener Cheddar-Käse, Chester oder Emmentaler
700 g tiefgefrorene Schellfischfilets

Die Butter oder Margarine im Wasserbad schmelzen, das Mehl, ½ Teelöffel Salz und 1 Prise Pfeffer einrühren. Nach und nach unter ständigem Rühren die Milch hinzugießen und so lange kochen, bis eine dickliche, cremige Masse entstanden ist. Den geriebenen Käse untermischen und die Sauce von der Kochstelle nehmen.
Den Ofen auf 180 Grad vorheizen. Die tiefgekühlten Schellfischfilets in eine flache, feuerfeste Auflaufform legen. Mit ½ Teelöffel Salz bestreuen, mit der Sahnesauce bedecken. Auf der untersten Schiene im Ofen 25 Minuten goldbraun backen.

Das Lammfleisch wird mariniert, das Kartoffelpüree mit Pecannüssen und Käse verfeinert

marinieren lassen. Das restliche Öl in einer großen Pfanne erhitzen, das Lammfleisch von beiden Seiten gut durchbraten und auf eine vorgewärmte Platte geben. Den Bratensatz mit ein wenig Weißwein ablöschen. Die geviertelten Tomaten und die Champignons hinzufügen, etwas einkochen lassen. Dabei unter ständigem Rühren immer wieder Weißwein aufgießen und einkochen lassen. Zum Schluß die Crème fraîche hinzufügen. Die Sauce in eine Sauciere geben und ebenfalls warmstellen. In einem kleinen Topf ½ Liter Wasser mit ½ Teelöffel Salz zum Kochen bringen. Von der Kochstelle nehmen, die kalte Milch hinzufügen und die Püreeflocken einrühren. 1 Minute quellen lassen. Die geviertelten Pecan-Nüsse und den Cheddar-Käse hinzufügen und alles gut mit dem Schneebesen durchmischen. Portionsweise auf Tellern anrichten und mit den Pecan-Nußhälften garnieren. Dazu die Lammfilets und die Sauce reichen.

Lammfilet "American Surprise"

(Lamb Steaks "American Surprise")

Foto oben

Zutaten für 4 Personen:

800 g ausgelöster Lammrücken
2 Knoblauchzehen
4 Tomaten (300 g)
1 kleine Dose Champignons
4 EL gerebelter Thymian
12 bis 16 EL Öl
¼ l Weißwein
150 g Crème fraîche
1 Packung Kartoffelpüree
½ TL Salz
¼ l kalte Milch
80 g geviertelte Pecan-Nüsse
20 g Pecan-Nußhälften zum Garnieren
3 EL grob geraffelter Cheddar-Käse (oder Chester-Käse)

Das Lammfleisch kurz abbrausen und mit Haushaltspapier trockentupfen. In 4 Scheiben schneiden. Die Knoblauchzehe schälen und mit der Gabel fein zerdrücken. Die Tomaten kurz in kochendheißes Wasser tauchen, mit einem spitzen Messer schälen, vierteln, dabei den Stielansatz entfernen. Die Champignons in einem Sieb abtropfen lassen. 8 bis 10 Eßlöffel Öl mit dem Thymian und der zerdrückten Knoblauchzehe mischen. Das Lammfleisch auf beiden Seiten damit bestreichen und zugedeckt 1 bis 2 Stunden im Kühlschrank

Glasiertes Schweinefilet

(Glazed Pork Tenderloin)

Foto rechts

Zutaten für 4 Personen:

6 EL Apfelgelee
4 TL Zitronensaft
2 Schweinefilets (500 g)
2 TL Salz
¼ TL gemahlener Pfeffer

Das Apfelgelee, den Zitronensaft, das Salz und den Pfeffer in einen kleinen Topf geben und unter Rühren erhitzen, bis das Gelee geschmolzen ist. Die Filets kurz abbrausen, mit Haushaltspapier trockentupfen und in eine Kasserolle legen. Die dünnen Enden etwas unter das Fleisch schieben, damit die Filets gleichmäßig garen. Den Ofen auf 160 Grad aufheizen, die Kasserolle auf der untersten Schiene einschieben und ca. 30 Minuten braten lassen. Dabei mehrmals mit der Geleemischung dick bestreichen. Die restliche Geleemischung noch einmal erwärmen und zum fertigen Filet servieren. Dazu paßt: körnig gekochter Reis mit Gemüsemais.

Kalbsgeschnetzeltes in Sahne-Sauce

(Minced Veal with Cream Sauce)

Zutaten für 4 Personen:

600 g Kalbsfilet
2 Schalotten oder
1 kleine Zwiebel
200 g Champignons
50 g Butter
¼ l süße Sahne
Salz
frisch gemahlener Pfeffer
1 Prise Paprika edelsüß
1 EL mittelscharfer Senf
1 Bund Petersilie

Das Kalbsfilet von allen Häuten befreien und zuerst in dünne Scheiben, dann in feine Streifen schneiden. Die Schalotten schälen und sehr fein (fast musig) hacken. In einer Pfanne 10 g Butter erhitzen und die Schalotten bei sehr kleiner Hitze weich werden lassen, ohne sie Farbe annehmen zu lassen. Die Champignons putzen und, nur wenn sie sehr sandig sind, kurz waschen. Blättrig schneiden. 20 g Butter in einer zweiten Pfanne erhitzen und die Champignons darin bei starker Hitze anbraten. Herausnehmen. Die restliche Butter in der gleichen Pfanne heiß werden lassen und das Kalbsfilet darin bei starker Hitze kurz anbraten. Die Zwiebeln und die Champignons hinzufügen. Die Sahne angießen, etwas einkochen lassen und alles mit Salz, frisch gemahlenem Pfeffer, Paprika und Senf pikant abschmecken. Die Petersilie waschen, trockenschwenken und fein hacken, darüberstreuen und sofort servieren.

Feines Apfelgelee gibt dem zarten Schweinefilet eine neue Geschmacksnote

Lachs mit Kräuterbutter

(Salmon with Herb Butter)

Zutaten für 4 Personen:

4 Scheiben frischer Lachs (je 200 g), Salz
Saft von ½ Zitrone
100 g Kräuterbutter (fertig gekauft)
frisch gemahlener schwarzer Pfeffer, ½ Bund Petersilie

Den Lachs unter fließendem Wasser abbrausen und mit Haushaltspapier trockentupfen. Salzen und mit Zitronensaft beträufeln. In einer Pfanne mit schwerem Boden etwas Kräuterbutter zerlassen und die Lachs-Scheiben darin auf jeder Seite 3 bis 5 Minuten braten. Den Fisch auf vorgewärmte Teller legen, mit frisch gemahlenem Pfeffer bestreuen. Die Petersilie waschen, trockenschwenken und in Sträußchen zerteilen. Die Kräuterbutter in Scheiben schneiden. Den Lachs mit Kräuterbutter und Petersilie garniert servieren.

Anmerkung: Kräuterbutter kann man selber machen. Dazu 1 Bund frische Kräuter musig hacken und mit 250 g Butter verkneten. Zwischen Pergamentpapier aufrollen, gut kühlen.

Gebratenes Hähnchen mit Sahne-Sauce

(Fried Chicken with Cream Sauce)

Zutaten für 4 Personen:

1 bratfertiges Hähnchen (1200 bis 1500 g)
Salz, ¼ TL Pfeffer
150 g Mehl, ¼ Milch
150 g Schmalz
150 g Pflanzenfett
¼ l Kaffeesahne
eventuell 1 EL gehackte Petersilie und Sherry zum Abschmecken

Das Hähnchen quer und längs vierteln, dabei die Flügelspitzen, den Bürzel und den Hals entfernen. Unter fließendem, kaltem Wasser gut waschen, nicht trockentupfen. 100 g Mehl, 1 Teelöffel Salz und ¼ Teelöffel weißen Pfeffer in eine feste Papier-oder Plastiktüte geben. Jeweils 2 Hähnchenteile in die Tüte geben und so lange schütteln, bis sie gründlich mit Mehl behaftet sind. Aus der Tüte nehmen und das überschüssige Mehl abschütteln. Den Ofen auf 100 Grad vorheizen. In einer ca. 30 cm großen Pfanne mit schwerem Boden das Fett so lange erhitzen, bis es leicht raucht. Nun jeweils 2 Hähnchenteile mit Haut nach unten in das Fett geben und rundum goldbraun braten. Die Hitze zurückschalten und weitere 8 bis 10 Minuten zugedeckt oder offen braten, bis das Fleisch gar ist. Die Teile aus dem Fett nehmen und im Backofen warmhalten. Weiterbraten, bis alle Stücke fertig sind.
Das Fett aus der Pfanne abgießen, 3 Eßlöffel abmessen und zusammen mit 3 Eßlöffeln Mehl in der Pfanne gut vermischen und leicht bräunen. Die Milch und die Sahne einrühren. Dabei den Bratenfond durch kräftiges Entlangfahren am Pfannenboden ablösen. So lange kochen, bis die Sauce cremig und dicklich ist. Nach Wunsch 1 Eßlöffel Petersilie einrühren und mit einem Schuß Sherry, Salz und frisch gemahlenem Pfeffer abschmecken.

Gebackener, gefüllter Streifenbarsch

(Baked Stuffed Striped Bass)

Zutaten für 4 Personen:

1 Stange Lauch
1 grüne Pfefferschote
1 mittelgroße Tomate
1 Zwiebel, 90 g Butter
1 kleine grüne Paprikaschote
1 Bund Petersilie
½ Bund frischer Dill
1 Streifenbarsch mit Kopf und Schwanz, ausgenommen (ca. 1000 bis 1500 g)
Salz, gemahlener Pfeffer
150 ml trockener Wermut
1 EL Zitronensaft

Das Gemüse waschen. Den Lauch und die Pfefferschote fein hacken. Die Tomate schälen, entkernen und grob zerkleinern. Die Zwiebel schälen und in dünne Ringe schneiden. Die Paprikaschote halbieren, entkernen und in dünne Streifen schneiden. Die Petersilie fein hacken, den Dill in feine Sträußchen zerteilen.
In einer kleinen Pfanne die Butter bei mäßiger Hitze aufschäumen lassen. Den Lauch und die Pfefferschote hinzufügen und unter ständigem Rühren 2 bis 3 Minuten weich werden lassen. In eine kleine Rührschüssel geben, mit der gehackten Tomate, 1 Eßlöffel Petersilie und 1 Prise gemahlenem Pfeffer zu einer Farce mischen.
Den Ofen auf 175 Grad vorheizen. Den Fisch innen und außen unter fließendem kaltem Wasser waschen, gut mit Haushaltspapier trockentupfen und mit dem Gemüse füllen. Die Öffnung mit Zwirn zunähen oder mit kleinen Spießen zustecken und mit Küchengarn verschnüren. Die restliche Butter zerlassen. Eine flache, feuerfeste Form mit der Hälfte der Butter bepinseln, den Fisch hineinlegen und mit den Zwiebelringen, den Paprikastreifen und den Dillstengeln belegen. Die restliche Butter mit dem Wermut und dem Zitronensaft verrühren, über den Fisch und die Garnierung gießen und auf dem Herd zum Kochen bringen. Den Fisch mit Salz und etwas frisch gemahlenem Pfeffer bestreuen, in die Mitte des Ofens stellen und ca. 30 Minuten backen. Dabei drei- bis viermal mit der Flüssigkeit in der Form beschöpfen. Direkt in der Form servieren.

Bachforelle

(Brook Trout)

Zutaten für 4 Personen:

4 frische, ausgenommene Bachforellen, Salz
frisch gemahlener Pfeffer
ca. 250 g Maismehl (weiß oder gelb)
8 Streifen Schinkenspeck

Die Forellen unter fließendem kaltem Wasser gut waschen und mit Haushaltspapier sorgfältig trockentupfen. Innen und außen mit Salz und Pfeffer bestreuen, anschließend in dem Maismehl wenden. Das überflüssigen Mehl abschütteln.
In einer großen Pfanne mit schwerem Boden, der die Hitze gut speichert, die Schinkenstreifen bei mittlerer Hitze auslassen, bis sie braun und knusprig sind. Auf doppeltes Haushaltspapier zum Abfetten legen. Das Fett gut erhitzen, bis es leicht raucht. Die Forellen auf jeder Seite ca. 5 Minuten braten. Dabei die Hitze so regulieren, daß der Fisch nicht anbrennt. Zum Wenden eine Zange benutzen, damit die Fischkruste nicht verletzt wird. Auf vorgewärmte Teller anrichten und mit dem Schinkenspeck umgeben servieren.

Rehrücken aus dem Ofen

(Roast Saddle of Venison)

Zutaten für 6 bis 8 Personen:

1 Rehrücken (ca. 2500 g)
4 EL schwarze Pfefferkörner
2 TL Salz, 120 g Butter
1 bis 1½ l Rindfleischbrühe
2 EL Mehl
2 EL Johannisbeergelee
⅛ l süße Sahne

Den Ofen auf 250 Grad aufheizen. Den Rehrücken kurz abbrausen, mit Haushaltspapier trockentupfen und rundum mit dem Salz bestreuen. Die Pfefferkörner in einem Mörser grob zerstoßen, über das Fleisch geben und mit dem Handballen fest andrükken. Die Butter in einem kleinen Topf zerlassen. Den Braten auf einen Bratenrost in einen entsprechend großen, flachen Bräter geben und mit 60 g (3 EL) zerlassener Butter übergießen. 1 Liter Rindfleischbrühe in den Bräter geben und den Rehrücken unbedeckt 15 Minuten in der Mitte des Ofens braten. Mit der restlichen Butter begießen und bei 200 Grad ca. 90 Minuten braten, dabei mehrmals mit der Butter beschöpfen. Die restliche Bouillon nach und nach in den Bräter gießen, falls der Bratensaft verdunstet ist. Den fertigen Rehrücken aus dem Ofen nehmen und auf eine vorgewärmte Platte legen. Den Bratensaft abgießen, ½ Liter abmessen. Falls nicht genügend vorhanden ist, mit etwas Rindfleischbrühe oder Wasser auffüllen. In einem kleinen Topf 30 g Butter aufschäumen, 2 Eßlöffel Mehl hineinrühren und bei mäßiger Hitze unter ständigem Rühren etwa 1 Minute anschwitzen, bis die Mischung aufkocht und Blasen wirft. Den

Bratensaft hinzugeben und so lange rühren, bis die Sauce glatt und sämig ist. Das Johannisbeergelee in die Sauce geben und 2 bis 3 Minuten köcheln lassen, bis das Gelee völlig aufgelöst ist. Mit Salz und frisch gemahlenem Pfeffer abschmecken. In eine vorgewärmte Sauciere füllen und zu dem Rehrücken servieren.

Gefüllte Lammschulter

(Lamb Shoulder with Spanish Stuffing)

Zutaten für 6 bis 8 Personen:

1 Zwiebel
3 EL Öl, ½ TL Salz
2½ Tassen Semmelbrösel
2 EL Chilisauce
1 EL gehackte Petersilie
⅛ TL schwarzer Pfeffer
2000 g Lammschulter ohne Knochen

Die Zwiebel schälen und fein hacken. In einer kleinen Pfanne das Öl erhitzen, die Zwiebel hineingeben und unter ständigem Wenden glasig werden lassen. Von der Kochstelle nehmen, etwas abkühlen lassen. In einer Schüssel die Semmelbrösel, die Chilisauce, die Petersilie und die Zwiebel zu einem Teig vermischen. Mit Salz und Pfeffer würzen. Das Fleisch kurz abbrausen, mit Haushaltspapier trockentupfen. Anschließend mit einem scharfen langen Messer quer eine Tasche einschneiden. Die Semmelbrösel-Masse hineingeben und mit Zahnstochern oder Rouladen-Spießen die Tasche zustecken. Das Fleisch rundum mit Salz und Pfeffer einreiben, mit Öl bepinseln und in einen Bräter legen. Bei 160 Grad 2½ bis 3 Stunden langsam knusprig braten. Aus dem Bräter nehmen und auf eine feuerfeste Platte heiß stellen. Den Bratensatz mit etwas Wasser ablöschen und nach Wunsch eindicken. Getrennt zum Fleisch servieren. Dazu paßt Reis.

Huhn in Rotweinsauce

(Broiled Chicken with Red Wine)

Zutaten für 4 Personen:

1 Poularde (ca. 1500 g)
100 g Speckschwarte
4 Schalotten oder 2 kleine Zwiebeln
1 Möhre
3 Knoblauchzehen
60 g Butter
2 EL Mehl
2 cl amerikanischer Brandy
¾ l trockener Rotwein
2 EL Tomatenmark
⅛ l Wasser
1 Zweig Thymian
1 Lorbeerblatt, Salz
frisch gemahlener Pfeffer
250 g Champignons
100 g fetter Speck

Die Poularde innen und außen unter fließendem kaltem Wasser abspülen und mit Haushaltspapier trockentupfen. In 6 Stücke teilen, dabei die Flügelspitzen und den Bürzel entfernen. Die Speckschwarte würfeln. Die Schalotten oder Zwiebeln schälen und fein hacken. Die Möhre putzen und würfeln. Den Knoblauch schälen und ebenfalls fein würfeln oder zerdrücken. Die Butter in einem großen Topf erhitzen. Die Schwartenwürfel und die Hähnchenteile darin goldbraun anbraten. Die Zwiebeln, die Möhre und den Knoblauch zufügen, mit Mehl bestäuben und alles anbraten. Den Brandy hinzufügen, anzünden und ausbrennen lassen. Mit dem Rotwein ablöschen. Das Tomatenmark mit kaltem Wasser anrühren und mit dem Thymian und dem Lorbeerblatt in die Sauce rühren. Mit Salz und frisch gemahlenem Pfeffer würzen. Das Hähnchen im geschlossenen Topf bei kleiner Hitze ca. 1½ Stunden schmoren lassen. In der Zwischenzeit die Champignons putzen, kurz abbrausen, mit Haushaltspapier trockentupfen und halbieren. Den Speck in Würfel schneiden. Eine Pfanne mit schwerem Boden erhitzen und die Speckwürfel darin knusprig ausbraten. Die Champignons zufügen und ca. 8 Minuten bei kleiner Hitze mitbraten. Von der Kochstelle nehmen und warmstellen. Die Geflügelteile aus der Sauce nehmen und ebenfalls warmhalten. Die Sauce ca. 3 Minuten einkochen lassen und durch ein Sieb passieren. Die Hähnchenteile und die Champignons auf einer vorgewärmten Platte anrichten, mit der Sauce begießen und sofort servieren.

Anmerkung: Eine tiefgekühlte Poularde sollte vor der Zubereitung aufgetaut sein. Nachdem man die Verpackungsfolie entfernt hat, legt man sie dazu am besten in ein Sieb, das man auf einen tiefen Teller stellt. So kann die Auftauflüssigkeit gleich ablaufen.

Gefüllte Tournedos

(Stuffed Filet of Veal)

Zutaten für 4 Personen

100 g Champignons
Saft von ½ Zitrone
1 kleine Zwiebel
50 g Butter oder Margarine
½ 2 Bund Petersilie
3 Zweige Thymian
1 Blättchen Beifuß
890 g Gänselebercreme (aus der Dose)
2 TL mittelscharfer Senf
Salz
frisch gemahlener Pfeffer
8 Tournedos (je 80 g)
4 schmale Streifen fetter Speck
2 EL Öl

Die Champignons putzen und, nur wenn sie sehr sandig sind, kurz abbrausen und sofort mit Haushaltspapier trockentupfen. Mit einem großen Küchenmesser fein hacken und sofort mit Zitronensaft beträufeln. Die Zwiebel schälen und fein würfeln. 30 g Butter in einer Pfanne erhitzen und die Zwiebel sowie die Champignons darin unter mehrmaligem Wenden so lange braten, bis die Flüssigkeit verdampft ist. Die Petersilie, den Thymian und Beifuß waschen, trockenschwenken und fein hacken. Zu den Champignons geben und kurz mitbraten. Von der Kochstelle nehmen. Die Gänselebercreme mit dem Senf in die Champignonmasse rühren und mit Salz und frisch gemahlenem Pfeffer würzen. Abkühlen lassen. Das Fleisch kurz abbrausen und mit Haushaltspapier trockentupfen. Vier Tournedos auf eine Arbeitsplatte legen und die Champignonmasse darauf verteilen. Die restlichen Fleischscheiben darüber legen und die Speckstreifen seitlich um die Tournedos wickeln. Mit Küchengarn festbinden. Die restliche Butter und das Öl in einer Pfanne erhitzen und die Tournedos auf jeder Seite ca. 4 Minuten braten. Mit Salz und frisch gemahlenem Pfeffer würzen. Auf vorgewärmte Tellern anrichten und sofort servieren. Als Beilage gebackene Kartoffeln mit saurer Sahne und glasierten Karotten reichen.

Tip: Beliebte Beigabe zu einem feinen Fleischteller wie die gefüllten Tournedos sind auch grüne Bohnen. Versuchen Sie sie mal ganz einfach in wenig Salzwasser bißfest gekocht, anschließend in heißer Butter geschwenkt und mit fein gerösteten Semmelbröseln oder Mandelsplittern überstreut. Auch Brokkoli, Blumenkohlröschen, Rosenkohl und Spargel werden gern auf diese Weise serviert. Bei Salaten bevorzugt der Amerikaner oft die süßsaure Kombination zwischen Obst und Gemüse wie Sellerie mit Apfel- und Ananasstückchen oder Chicoree mit Nektarinen- und Melonenwürfeln. Eine feine Mayonnaise mit etwas Sahne ergibt die delikate Sauce dazu.

Colorado Roast mit Rosinen-Chutney

(Colorado Roast
with Raisin Chutney)

Foto links

Zutaten für 6 Personen:

1 USA-Colorado Roast
(Hüftspitze 1500 g)
Salz, gemahlener Pfeffer
10 EL Soja-Öl
4 Schalotten
6 säuerliche Äpfel
1 Knoblauchzehe
200 g kalifornische Rosinen
1 TL Kurkuma (Gelbwurz)
1 getrocknete Chilischote
8 cl Weißwein
Saft von 1/2 Zitrone

Das Fleisch kurz abbrausen, mit Haushaltspapier trockentupfen und mit Salz und frisch gemahlenem Pfeffer würzen. In einem flachen Bräter 6 Eßlöffel Soja-Öl erhitzen und das Fleisch bei starker Hitze von allen Seiten scharf anbraten. Den Ofen auf 220 Grad vorheizen. Das Fleisch auf der untersten Schiene 30 bis 40 Minuten im offenen Brattopf weiterbraten. In der Zwischenzeit die Schalotten schälen und fein (fast musig) hakken. Die Äpfel schälen und in kleine Würfel schneiden. 4 Eßlöffel Soja-Öl in einem kleinen Topf erhitzen, die Schalottenwürfel hineingeben und hellgelb anbraten. Die Äpfel hinzufügen und weich dünsten. Die Knoblauchzehe schälen und durch die Presse drücken. Die Chilischote fein hacken. Den Knobblauchsaft, die Rosinen, Kurkuma, die Chilischote und den Weißwein zu den Äpfeln geben. Weitere 5 Minuten kochen lassen, mit Salz, frisch gemahlenem Pfeffer und Zitronensaft abschmecken. Das Fleisch aus dem Ofen nehmen, in Alufolie wickeln und ca. 30 Minuten ruhen lassen. In dünne Scheiben schneiden und mit dem Rosinen-Chutney servieren.

Jambalaya

(Jambalaya)

Zutaten für 6 bis 8 Personen:

125 g Frühstücksspeck
(in Scheiben)
1 mittelgroße Zwiebel
2 grüne Pfefferschoten
200 g Reis
1 Knoblauchzehe
1 Dose Tomaten (500 g)
1/2 TL Thymian
1 TL Salz
frisch gemahlener schwarzer Pfeffer
ca. 1/2 l Instant-Hühnerbrühe
250 g gekochter Schinken
500 g Shrimps (aus der Dose)
1 Bund Petersilie

Den Ofen auf 175 Grad vorheizen. Die Zwiebel schälen und fein würfeln. Die Pfefferschoten waschen, abtrocknen, längs halbieren, entkernen und in breite Streifen schneiden. Den Reis unter fließendem kaltem Wasser waschen, bis das Wasser klar ist. Abtropfen lassen.
Den Frühstücksspeck in Würfel schneiden und in einer schweren, großen Kasserolle oder einem Bräter mit Deckel (für den Backofen geeignet) bei mäßiger Hitze so lange braten, bis das Fett ausgelassen und der Speck schön braun aber nicht knusprig geworden ist. Die Speckwürfel herausnehmen und auf Haushaltspapier abfetten.
Die Zwiebelwürfel in die Pfanne geben und unter ständigem Rühren glasig dünsten, ohne sie jedoch Farbe annehmen zu lassen. Die Pfefferschote hinzufügen und 3 bis 4 Minuten mitbraten. Anschließend den gut abgetropften Reis hineingeben und so lange mitbraten, bis er milchig ist und zu quellen beginnt. Dabei mehrmals gut umrühren. Die Knoblauchzehe schälen und fein hacken, zum Reis geben. Die Tomaten in einem Sieb abtropfen lassen und zusammen mit Thymian, Salz und frisch gemahlenem Pfeffer hinzufügen und gut vermischen. 3/8 Liter Hühnerbrühe zugießen und alles zum Kochen bringen. Zum Schluß den Schinken würfeln, zum Reis geben und untermischen. Den Topf mit dem passenden Deckel verschließen und auf die zweitunterste Schiene in den vorgeheizten Ofen schieben. Die Shrimps abtropfen lassen und nach 10 Minuten Garzeit unter den Reis geben.
Zugedeckt weitere 10 Minuten backen, bis alle Flüssigkeit aufgesogen und der Reis weich geworden ist. (Nach Bedarf die restliche Hühnerbouillon heiß zugeben).
Die Petersilie waschen, trockenschwenken und fein hacken. Das fertige Gericht Jambalaya direkt im Topf servieren oder in einer vorgewärmten Schüssel anrichten. Mit Pertersilie bestreuen.

Tip: Damit der Reis körnig und locker wird, sollte er vorher gut gewaschen werden. Dazu gibt man ihn in eine große Schüssel, füllt kaltes Wasser auf und reibt die Körner zwischen den Händen. Anschließend gießt man das milchige Wasser ab und gibt erneut kaltes zu, bis das Waschwasser nicht mehr milchig wird. Zum Abtropfen gibt man den Reis in ein Sieb, um ihn dann im heißen Fett unter ständigem Rühren anzubraten bzw. ganz zu trocknen.

Kalbsbries in Estragonsauce

(Sweetbreads with
Estragon Sauce)

Zutaten für 4 Personen:

600 g Kalbsbries
Salz
2 Schalotten oder
1 mittelgroße Zwiebel
1 Bund Suppengemüse
2 bis 3 Zweige Estragon
30 g Butter oder Margarine
1/4 l Fleischbrühe
1/8 l trockener Sherry
1 Prise Cayennepfeffer
frisch gemahlener weißer Pfeffer
1/8 l süße Sahne
2 EL Kaffee-Sahne
1 Prise Zucker

Vom frischen Bries alle Adern und Blutgerinnsel sorgfältig entfernen. In eine Schale legen und mit kaltem Wasser bedeckt ca. 3 Stunden wässern, dabei das Wasser stündlich erneuern. Das Bries in einen Topf geben, mit Salzwasser bedecken und ca. 5 Minuten kochen. Mit einem Schaumlöffel herausheben und unter kaltem Wasser abschrecken. Sofort die Häute entfernen. Nun das Kalbsbries für ca. 2 Stunden zwischen zwei Bretter legen und beschweren, damit es Form bekommt und zusammenhält. Die Schalotten oder die Zwiebel schälen und sehr fein (fast musig) würfeln. Das Suppengemüse putzen, waschen, mit Haushaltspapier trockentupfen und kleinschneiden. Den Estragon in Blättchen zerteilen und einen Teil davon zum Gemüse geben. Die Hälfte der Butter in einer Pfanne erhitzen, die Zwiebeln und das Gemüse hinzufügen. Unter ständigem Rühren weich braten, ohne es Farbe annehmen zu lassen. Die Fleischbrühe und den Sherry angießen, mit Salz und frisch gemahlenem Pfeffer würzen und bei kleiner Hitze 5 Minuten köcheln lassen. Das Kalbsbries in Scheiben schneiden. In einer weiteren Pfanne die restliche Butter erhitzen und die Briesscheiben darin von beiden Seiten jeweils 1 bis 2 Minuten braten. Die Briesscheiben auf das Gemüse legen und zugedeckt noch 5 bis 8 Minuten ziehen lassen. Herausnehmen und warmstellen. Den Gemüsefond durch ein Sieb treiben. Die Sahne und die Kaffee-Sahne einrühren und einige Minuten einköcheln lassen. Nochmals mit Salz, Pfeffer und 1 Prise Cayennepfeffer abschmecken. Die Briesscheiben anrichten und mit den restlichen Estragonblättern garnieren. Die Sauce getrennt dazu reichen.

Hackfleisch-braten

(Meat Loaf)

Zutaten für 4 Personen:

1 große Zwiebel
2 Knoblauchzehen
2 mittelgroße Tomaten
2 Eier
1 EL Salz
¼ TL schwarzer Pfeffer
1 Prise geriebene Muskatnuß
500 g Hackfleisch (vom Rind oder gemischt)
¼ gerebelter Thymian
¼ gerebelter Majoran
3 EL Semmelbrösel
100 g Frühstücksspeck (in feine Streifen geschnitten)
Butter oder Margarine zum Einfetten

Die Zwiebel schälen und sehr fein würfeln. Die Knoblauchzehen pellen und mit der Gabel zerdrücken. Die Tomaten kurz in kochendes Wasser tauchen, kalt abschrecken und mit einem spitzen Küchenmesser die Haut abziehen. Vierteln, dabei vom Stielansatz befreien und in Würfel schneiden. Die Eier in einen Rührbecher geben und mit Salz, frisch gemahlenem Pfeffer und Muskatnuß verquirlen. Alles mit dem Fleisch in eine Schüssel geben, die restlichen Gewürze und die Semmelbrösel hinzufügen und alles zu einem Teig verarbeiten. Eine Kasten- oder Auflaufform einfetten. Den Ofen auf 170 Grad vorheizen. Mit den angefeuchteten Händen den Fleischteig zu einem länglichen Laib formen. In die eingefettete Form legen, die Oberseite glattstreichen und auf der zweituntersten Schiene 60 bis 80 Minuten backen. Aus dem Ofen nehmen, vorsichtig aus der Form lösen und in Scheiben aufschneiden. Mit Tomatensauce servieren.

Variante: Den fertigen Hackfleischteig zu einem runden Laib formen. In einer Pfanne 2 bis 3 Eßlöffel Öl oder Fett erhitzen. Das Hackfleisch von beiden Seiten scharf anbraten. Etwas Wasser angießen und zugedeckt 30 bis 40 Minuten bei kleiner Hitze garen. Zwischendurch zweimal den Braten wenden und wenn nötig etwas mehr, jedoch nicht zu viel Flüssigkeit zugeben. Kurz vor dem Servieren ¼ Liter süße Sahne oder Kaffeesahne über den Braten gießen, einmal aufkochen lassen und sofort anrichten.

Tip: Für eine Tomatensauce 500 g geschälte Tomaten und 1 kleine Zwiebel fein pürieren. In einen Topf geben und zum Kochen bringen. Mit Salz, fein gemahlenem Pfeffer, ½ TL Zucker, 1 TL Weinessig fein würzen und 5 Minuten köcheln lassen.

Grüne-Tomaten-Torte

(Green Tomato Pie)

Zutaten für 1 Torte:

270 g Mehl
125 g Pflanzenfett
100 g Butter
Salz
6 EL Eiswasser
Butter zum Einfetten und Bepinseln
Mehl zum Bestäuben
ca. 2000 g halbreife Tomaten
1 EL Weinessig
1¼ Tassen Zucker
4 bis 6 EL Mehl
2 EL Butter
frisch gemahlene Muskatnuß

In eine große Rührschüssel 250 g Mehl sieben. Das eisgekühlte Planzenfett und 60 g eiskalte Butter in ½ cm große Würfel schneiden und zusammen mit einer Prise Salz zu einem krümeligen Teig zerbröseln. Das Eiswasser zufügen und so lange weiterkneten, bis der Teig in einer Kugel zusammenhält. Die Teigkugel mit Mehl bestäuben, in Pergamentpapier wickeln und 30 Minuten im Kühlschrank ruhen lassen. Eine Pieform von 23 cm Durchmesser mit Butter einfetten. Die Teigkugel in zwei Hälften teilen. Eine Hälfte auf einer bemehlten Arbeitsfläche zu einem ca. 3 mm dünnen Kreis von ca. 35 cm Durchmesser ausrollen. In die Tortenform legen und den überstehenden Teigrand mit einem scharfen Messer abschneiden.
Den Ofen auf 200 Grad aufheizen. Die Tomaten kurz mit kochendem Wasser überbrühen, mit einem scharfen Messer die Haut abziehen und den Stielansatz keilförmig herausschneiden. In ca. 1 cm dicke Scheiben schneiden, dabei 4 Tassen abmessen. In eine Schüssel geben, mit dem Essig beträufeln. Den Zucker, 4 bis 6 Eßlöffel Mehl, ¼ TL Salz und etwas frisch gemahlene Muskatnuß mischen und vorsichtig unter die Tomatenscheiben geben. Auf den Teig in die Pieform füllen und die restliche Butter in kleinen Flöckchen darauf verteilen.
Auf der bemehlten Arbeitsfläche die zweite Teighälfte zu einem ca. 3 mm dicken Kreis ausrollen. Auf den Kuchen legen. Mit einer Küchenschere den Rand bis auf ½ cm überstehend abschneiden. Den Rand unter den unteren Teigrand falten und mit einer Gabel andrücken, damit der Kuchen gut verschlossen ist. Den Kuchen mit zerlassener Butter gleichmäßig bepinseln. In den Deckel zwei kleine Schlitze schneiden, damit der Dampf beim Backen entweichen kann. Auf der mittleren Schiene des Ofens 15 Minuten anbacken. Die Hitze auf 170 Grad zurückschalten und die Torte weitere 25 bis 30 Minuten backen. Aus dem Ofen nehmen, abkühlen lassen und in der Form servieren.

Hummer mariniert

(Lobster with Sultana Raisins)

Zutaten für 2 Personen:

500 g gegarter junger Hummer
1 EL Mehl
6 EL Öl
Salz
2 EL Sultaninen
1 Zwiebel
¼ l heller Weinessig
1 Lorbeerblatt
frisch gemahlener weißer Pfeffer
½ TL Zucker
2 Kiwis

Das Hummerfleisch auslösen, in eine Schale geben und rundherum mit Mehl bestäuben. 3 Eßlöffel Öl in einer beschichteten Pfanne erhitzen und das Hummerfleisch darin anbraten. Herausnehmen und auf Küchenpapier abfetten lassen. Salzen. Die Sultaninen in lauwarmem Wasser einweichen. Die Zwiebel schälen, halbieren und in sehr feine Ringe schneiden. Das restliche Öl in der Pfanne erhitzen, die Zwiebeln darin weichbraten, ohne sie Farbe annehmen zu lassen, mit dem Weinessig ablöschen. Das Lorbeerblatt, Salz, frisch gemahlenen Pfeffer und den Zucker hinzufügen. Unter ständigem Rühren zum Kochen bringen. Bei milder Hitze ca. 2 Minuten köcheln lassen. Die Pfanne vom Herd nehmen und die Marinade abkühlen lassen. Die Sultaninen in einem Sieb abtropfen lassen und mit dem Hummerfleisch mischen. Die Marinade darübergeben und bis zum Servieren im Kühlschrank durchziehen lassen. Die Kiwis schälen, längs halbieren und quer in Scheiben schneiden. Die Kiwischeiben unter das Hummerfleisch geben. Auf Teller anrichten und servieren.

Gebratenes Kaninchen in saurer Sahne

(Fried Rabbit with Sour Cream Sauce)

Zutaten für 4 Personen:

1 Kaninchen (ca. 1.500 g)
Salz
frisch gemahlener schwarzer Pfeffer

100 g Mehl
60 g Butter
4 EL Pflanzenöl
1 Zwiebel
1 Knoblauchzehe
gut ¼ l Instant-Hühnerbrühe
¼ l saure Sahne

Das Kaninchen unter fließendem kaltem Wasser gründlich waschen und mit Haushaltspapier trockentupfen. In 8 Stücke zerteilen. Jedes Stück reichlich mit Salz und einer Prise frisch gemahlenem Pfeffer bestreuen. Das Mehl in eine feste Tüte geben und nacheinander jedes Kaninchenteil darin schütteln, bis es gut mit Mehl bedeckt ist. Aus der Tüte nehmen und das überschüssige Mehl abschütteln. Auf Pergamentpapier legen und beiseite stellen.
In einer großen Pfanne mit schwerem Boden bei mäßiger Hitze die Butter und das Öl zerlassen. Die Pfanne muß so groß sein, daß alle Kaninchenteile darin Platz haben. Das Fleisch hineingeben und von jeder Seite 6 bis 7 Minuten anbraten. Wenn dann alle Teile schön gebräunt sind, die Pfanne zudecken, die Hitze zurücknehmen und das Kaninchen 35 bis 40 Minuten schmoren, bis das Fleisch weich ist. Aus der Pfanne nehmen und auf einer vorgewärmten Platte anrichten. Mit Alufolie zugedeckt warmstellen. Die Zwiebel und die Knoblauchzehe schälen und fein hacken. Das Fett aus der Pfanne so weit abgießen, daß nur noch der Boden etwas bedeckt ist. Die Zwiebel- und Knoblauchwürfel hineingeben und unter ständigem Rühren 4 bis 5 Minuten hellbraun anbraten. Mit der Hühnerbrühe ablöschen, den Bratenfond loskochen und die Sauce auf ein Drittel einkochen lassen. Mit einem Schneebesen die saure Sahne einrühren und bei schwacher Hitze die Sauce wieder erwärmen. Mit Salz und Pfeffer abschmecken und zu dem Kaninchen servieren.
Als Beilage Preiselbeerkonfitüre, Apfelkraut oder gebakkene Pfirsichhälften reichen.

Kalte Erbsensuppe mit Minze

(Cold Split Pea Soup with Mint)

Zutaten für 6 bis 8 Personen:

2 große Zwiebeln
1 Stange Sellerie
2 Tassen getrocknete grüne Erbsen
⅛ TL Nelkenpulver
1 Lorbeerblatt
2 Bund frische Minze
1 TL Salz
frisch gemahlener weißer Pfeffer
2 l Instant-Hühner- oder Rindfleischbrühe
250 ml süße Sahne

Die Zwiebeln schälen, den Sellerie waschen und beides grob hacken. Die Erbsen verlesen, in ein Sieb geben und so lange unter fließendem, kaltem Wasser waschen, bis das Wasser klar abläuft. Die Minze waschen, trockenschwenken, die Hälfte grob hacken und den Rest in kleinen Sträußchen abpflücken. Die Hühner- oder Rinderbrühe in einen großen Suppentopf geben und zum Kochen bringen. Nach und nach die Erbsen hinzugeben, dabei darauf achten, daß die Flüssigkeit immer kocht. Die Zwiebeln, den Stangensellerie, die gehackte Minze und die Gewürze hinzufügen und bei kleiner Hitze zugedeckt 1½ bis 2 Stunden kochen lassen, bis sich die Erbsen mit einem Löffel leicht zerdrücken lassen. Von der Kochstelle nehmen. Die Suppe zweimal durch ein feines Sieb treiben, mit Salz und frisch gemahlenem Pfeffer abschmecken und im Kühlschrank erkalten lassen. Vor dem Servieren die eisgekühlte Sahne hineinrühren und die Suppe noch einmal abschmecken. Mit den Minzsträußchen garniert servieren. Damit die Suppe schön kalt bleibt, am besten die Terrine in eine große Schale auf Eis stellen.

Pikante Schweinesteaks mit Kartoffelröllchen

(Pork Steaks with Potato Balls)

Zutaten für 4 Personen:

375 g Kartoffeln
85 g Mehl
1 Ei
1 Eigelb
250 g Magerquark
Salz
frisch gemahlener schwarzer Pfeffer
1 Prise geriebene Muskatnuß
40 g Schweineschmalz
20 g mit Paprika gefüllte Oliven
1 Bund Dill
4 Scheinesteaks von je 150 g
2 EL Öl
6 EL trockener Sherry
1 Becher Crème fraîche

Die Kartoffeln waschen und mit ausreichend Wasser in 20 Minuten weich kochen. Abgießen und noch heiß abpellen. Abkühlen lassen und fein reiben. Das Mehl mit dem Ei, Eigelb und dem Quark zu den Kartoffeln geben und alles gut verkneten. Den Teig mit Salz, frisch gemahlenem Pfeffer und einer Prise geriebene Muskatnuß würzen. Mit den flachen Händen dünne Röllchen formen. Das Schmalz in einer hochwandigen Pfanne erhitzen und die Röllchen darin goldbraun braten. Herausnehmen, auf Haushaltspapier etwas abfetten lassen und auf einer Platte warmstellen. Die Oliven in Scheiben schneiden. Den Dill waschen, trockenschwenken und fein hacken. Beides beiseite stellen. Die Steaks mit Pfeffer bestreuen. Das Öl in einer Pfanne erhitzen und die Steaks darin von beiden Seiten etwa 5 Minuten knusprig braten. Salzen und warmstellen. Die Oliven und den gehackten Dill in den Bratenfond geben und mit Sherry ablöschen. Crème fraîche einrühren und alles so lange köcheln lassen, bis die Sauce dicklich geworden ist. Mit Salz und frisch gemahlenem Pfeffer pikant abschmecken. Die Sauce über die Steaks geben und zu den Quark-Kartoffel-Röllchen servieren.

Tip: Zu Schweinesteaks serviert man gerne glasierte Zwiebeln. Dazu werden Schalotten (kleine runde Zwiebeln) geschält, in wenig Wasser und etwas Salz weich gekocht und anschließend in der Pfanne mit Butter und Zucker unter ständigem Bewegen der Pfanne karamelisiert.

Preiselbeer-Konfitüre

(Cranberry-Sauce)

Zutaten für 2 Gläser:

1000 g Cranberries (Preiselbeeren)
¼ bis ½ Tasse Wasser
2 Tassen Zucker

Die Cranberries unter fließendem kaltem Wasser gut waschen, dabei schadhafte Beeren herauslesen. In einen flachen Topf geben, das Wasser hinzufügen und bei mittlerer Hitze so lange kochen, bis die Beeren zu platzen beginnen. Den Zucker hinzufügen und weitere 5 Minuten kochen, bis der Zucker klar ist. In heiß ausgespülte Gläser füllen und abkühlen lassen. Zu Puter servieren.

Anmerkung: Cranberries heißen die amerikanischen Preiselbeeren. Sie sind doppelt so groß wie die hiesigen Früchte, haben eine härtere Schale und benötigen deshalb auch eine längere Kochzeit. Sie werden nicht nur zu Wild serviert, sondern sind in erster Linie eine unverzichtbare Beilage zum festlichen Puter. Auch zu Kurzgebratenem vom Schwein oder Kalb wird die süßsaure Konfitüre gern gereicht.

Salads – Salate

Ob Lunch oder Dinner immer gehört mindestens ein Salat auf den Tisch mit unterschiedlichem Dressing angemacht und bunt gemischt mit Obst und Gemüse, die das Land im Überfluß liefert.

Puten-Apfel-Salat "New York"

(Turkey Salad with Apple)

im Foto links unten

Zutaten für 4 Portionen:

300 g Kartoffeln (festkochend)
1 Scheibe gekochter Schinken (100 g)
2 rote Äpfel (ca. 300 g)
4 EL Olivenöl
2 EL Zitronensaft
¼ TL Rosmarinpulver
1 TL gerebelter Thymian
Salz
frisch gemahlener schwarzer Pfeffer
300 g gebratene Putenbrust
8 Eisbergsalatblätter

Die Kartoffeln waschen und in ausreichend Wasser zum Kochen bringen. In ca. 20 Minuten weich garen. Abgießen, kurz abschrecken, etwas ausdampfen lassen und noch heiß abpellen. Abkühlen lassen und in nicht zu dicke Scheiben schneiden. Den Schinken würfeln. Die Äpfel waschen, mit Haushaltspapier trockenreiben, halbieren, vom Kerngehäuse befreien und in dünne Schnitze schneiden. Die Kartoffel- und Apfelscheiben mit den Schinkenwürfeln mischen. In einem kleinen Rührbecher das Öl mit Zitronensaft, Rosmarinpulver, Thymian, Salz und frisch gemahlenem Pfeffer verrühren. Über den Salat geben, gut untermischen und den Salat mit Klarsichtfolie abgedeckt kühlstellen. Die Putenbrust in ca. ½ cm dicke Scheiben schneiden. Die Eisbergsalatblätter waschen, trockenschwenken und auf einer Platte anrichten. Den Salat darauf verteilen. Die Putenbrustscheiben dekorativ daneben anordnen und servieren.

Obstsalat "Fantasy"

(Fruit Salad "Fantasy")

im Foto rechts

Zutaten für 4 Portionen:

400 g Äpfel (z.B. Jonathan)
1 mittelgroße Grapefruit (200 g)
1 kleine Gewürzgurke
75 g Ananas (frisch oder aus der Dose)
1 Chicoree (ca. 150 g)
1 EL flüssiger Bienenhonig
1 EL Zitronensaft
1 TL geriebene Zitronenschale
2 EL Öl
1 EL Weinessig
Salz
frisch gemahlener weißer Pfeffer

Die Äpfel waschen, mit Haushaltspapier abreiben, halbieren, vom Kerngehäuse befreien und fein würfeln. Mit einem scharfen Küchenmesser die Grapefruit so schälen, daß die weiße Haut vollständig entfernt ist, dann in dünne Scheiben schneiden, dabei eventuelle Kerne entfernen. Die Gewürzgurke fein würfeln. Die Ananas in mundgerechte Stücke schneiden. Den Chicoree waschen, den bitteren Strunk keilförmig herausschneiden und die Blätter in dünne Streifen schneiden. Alles in eine Schüssel geben und gut mischen. In einem Rührbecher den Bienenhonig, den Zitronensaft, die Zitronenschale, das Öl und den Weinessig zu einer süß-sauren Marinade vermischen. Mit Salz und frisch gemahlenem Pfeffer pikant abschmecken. Die Sauce über den Salat gießen, vorsichtig untermischen und den Salat mit Klarsichtfolie abgedeckt eine Stunde kühlen. Zum Servieren auf Portionsteller anrichten.

Weißkohlsalat "China Town"

(Cabbage Salad "China Town")

im Foto oben

Zutaten für 4 Portionen

1 kleiner Weißkohl (ca. 500 g)
100 g durchwachsener Frühstücksspeck, in feine Scheiben geschnitten
1 bis 2 EL Zitronensaft
Salz
frisch gemahlener schwarzer Pfeffer
⅛ l Instant-Hühnerbrühe
2 TL trockener Sherry

Den Weißkohl waschen, von den äußeren harten Blättern befreien, halbieren, den Strunk entfernen und in fingerbreite, kurze Streifen

schneiden. Kurz im kochendem Wasser blanchieren, in ein Sieb abgießen und abtropfen lassen.
Den Speck in einer Pfanne mit schwerem Boden langsam unter wiederholtem Wenden knusprig auslassen. Auf doppeltem Haushaltspapier abfetten und etwas abkühlen lassen. Anschließend zerbröseln. (Der Speck kann auch nach Belieben fein gewürfelt knusperig gebraten werden).
Die Kohlstreifen in eine Schüssel geben, mit dem Zitronensaft beträufeln und mit Salz und frisch gemahlenem Pfeffer würzen. Die Hühnerbrühe erhitzen und heiß darübergießen. Alles gut vermischen. Zum Schluß mit Sherry pikant abschmecken und ca. 30 Minuten durchziehen lassen. Alles nochmals durchmischen, auf Portionsteller anrichten und mit den Speckbröseln (oder -würfeln) bestreut servieren.

Salat "Caribic"

(Mixed Salad "Caribic")

Zutaten für 4 bis 6 Portionen:

1 kleiner Blumenkohl
1 Ananas
200 g feine grüne Bohnen
4 Orangen
1 Kopfsalat
5 EL Mayonnaise
3 EL Crème fraîche
Salz
frisch gemahlener weißer Pfeffer
Tabascosauce
trockener Sherry
1 Prise Zucker

Den Blumenkohl von den Blättern und dem harten Strunk befreien und unter fließendem, kaltem Wasser gut waschen. In einem Topf mit Salzwasser ca. 20 Minuten bißfest garen. Abgießen, kalt abbrausen und gut abtropfen lassen. In kleine Röschen teilen. Die Bohnen vom Stielansatz befreien, eventuell zu lange Bohnen halbieren. Mit wenig Salzwasser ca. 10 Minuten nicht zu weich garen. Auf ein Sieb geben und gut abtropfen und abkühlen lassen.
Von der Ananas die Blattkrone zu einem Deckel abschneiden. Das Fruchfleisch vorsichtig herauslösen, so daß die ausgehöhlte Ananas als Behälter für den Salat dienen kann. Dazu mit einem langen, sehr scharfen Messer den Strunk kreisförmig ausschneiden und mit Hilfe eines Löffels herausholen. Das Fruchtfleisch kreuzweise einschneiden und nicht zu dicht an der Schale entlang lösen. Die Fruchtviertel vorsichtig herausheben. 250 g Ananasfleisch in kleine Stücke schneiden.
Die Orangen mit einem scharfen Messer bis auf das Fleisch schälen und längs zwischen den weißen Trennwänden Fruchtfilets herausschneiden. Den Salat waschen, in einzelne Blätter zerpflücken und gut abtropfen lassen. Die größeren Blätter auf einen Teller legen und die ausgehöhlte Ananas daraufstellen. Die zarten Blätter für einen weiteren Salat verwenden.
Die Mayonnaise und die Crème fraîche mit Salz und frisch gemahlenem Pfeffer würzen, einen spritzer Tabasco und eine Prise Zucker hinzufügen mit einem Schuß Sherry parfümieren. Alles gut verrühren.
Das Gemüse und das Obst vorsichtig mischen, die Sauce dazugeben und in die Ananas füllen. Zum Schluß die Fruchtkrone mit einem Schaschlickspieß als Deckel seitlich verschoben fixieren.
Anmerkung: Der Salat kann auch mit Ananasstücken aus der Dose zubereitet und – nicht so dekorativ – in einer einfachen Dessertschüssel serviert werden. Die Ananasstücke in ein Sieb geben und abtropfen lassen. Den Saft dabei auffangen und 2 bis 3 Eßlöffel davon zu der Mayonnaise geben. Das verleiht der Sauce eine ganz besondere Note. Den restlichen Saft mit Wasser oder Sekt als Getränk zubereiten.

Grüner Salat mit Pecan-Nüssen

(Green Salad with Pecan Nuts)

Zutaten für 4 Portionen:

1 Kopf Frisee oder Endiviensalat (ca. 250 g)
100 g Pecannußkerne
1 Dose Mandarinenspalten
1 Bund Schnittlauch
100 g süße Sahne
4 bis 6 EL Mandarinensaft
1 EL Zitronensaft
1 Msp Zitronenschalenpulver
1 Prise Zucker
Salz

Den Salat putzen, die welken Blätter entfernen, unter fließendem Wasser waschen, in Stücke zerpflücken. In einer Salatschleuder oder in einem Küchentuch trockenschwenken. Die Pecannüsse grob hakken, dabei einige Hälften zum Garnieren zurückbehalten. Die Mandarinenspalten auf einem Sieb abtropfen lassen, dabei den Saft auffangen. Die größeren Filets halbieren. Den Schnittlauch waschen, trockenschwenken und fein hacken. Die Sahne mit dem Schneebesen cremig schlagen. 4 bis 6 Eßlöffel Mandarinensaft und den Zitronensaft hineinrühren. Mit dem Zitronenschalenpulver, etwas Zukker und Salz abschmecken. Den Salat, die Nüsse und die Mandarinenfilets in eine Schüssel geben. Die Sahnesauce darübergießen. Mit Nußhälften und Schnittlauch garnieren.

Amerikanischer Krautsalat

(Cole slaw)

Zutaten für 4 Portionen:

1 kleiner Kopf Weißkraut (ca. 500 g)
3 EL geschmacksneutrales Öl
2 EL feines Mehl
2 EL Zucker
1 TL Salz
2 EL mittelscharfer Senf
1 Prise Cayennepfeffer
1 Tasse Milch (ca. 200 ml)
2 Eigelb
6 EL Zitronensaft
1 Spritzer Tabascosauce

Das Weißkraut waschen, dabei die äußeren harten Blätter entfernen. Halbieren und fein hobeln oder in sehr feine Streifen schneiden. In einer kleinen Rührschüssel das Öl, das Mehl, den Zucker, das Salz, den Senf und eine Prise Cayennepfeffer mit dem Schneebesen gut verrühren. Nach und nach unter ständigem Rühren die Milch zugeben. Die Schüssel in ein Wasserbad stellen und alles unter ständigem Rühren zum Kochen bringen. Die Eigelb mit Zitronensaft verquirlen. Wenn die Masse beginnt, dick zu werden, nach und nach die Eigelbmasse unterrühren. Aus dem Wasserbad nehmen und so lange weiterrühren, bis die Sauce wieder dicklich ist. Mit einem Spritzer Tabascosauce scharf abschmecken. Die Sauce über das Weißkraut geben, gut untermischen und einige Stunden kaltstellen.

Kürbissalat mit Roastbeef

(Pumpkin Salad with Sliced Roast Beef)

Zutaten für 4 bis 6 Portionen:

1 kleiner Kürbis
¼ l Weißweinessig
½ l Wasser
1 TL Salz
2 TL Zucker
5 Nelken
5 Pfefferkörner
5 Senfkörner
2 Tomaten
200 g Stangensellerie
4 Scheiben Roastbeef
3 EL Mayonnaise

½ kleine Zwiebel
1 Cornichon
(kleine Essiggurke)
1 EL gehackte Petersilie
1 TL gehacktes Stangen-selleriegrün
Salz
Zucker
frisch gemahlener weißer Pfeffer

Den Kürbis schälen, achteln, vom Kerngehäuse befreien und in 1 cm dicke Schnitze schneiden. In eine Schüssel mit Deckel geben. Den Essig, das Wasser, das Salz, den Zukker, Nelken, Pfeffer- und Senfkörner zum Kochen bringen. Über die Kürbisschnitze gießen und zugedeckt 24 Stunden ziehen lassen.
Die Kürbisstücke aus dem Sud nehmen und abtropfen lassen. Den Stangensellerie waschen, mit Haushaltspapier trockentupfen, auf ein Brett legen und in 1 cm dicke Scheiben schneiden. Die Tomaten waschen, den Stielansatz und die Kerne entfernen, das Fruchtfleisch in feine Streifen schneiden.
Kürbis-, Sellerie- und Tomatenstücke in eine Schüssel geben. Die Roastbeefscheiben aufrollen und darauflegen. Mit Selleriegrün oder Petersilie garnieren.
Die Zwiebel schälen und musig hacken. Die Gurke sehr fein hacken. Mit der Mayonnaise, der gehackten Petersilie und dem Selleriegrün zu einer Sauce verrühren. Mit Salz, einer Prise Zucker und frisch gemahlenem Pfeffer abschmekken. Die Sauce getrennt zu dem Salat servieren.

Dreierlei-Bohnen-Salat

(Three-Bean Salad)

Zutaten für 8 Portionen:

1 Tasse Feuerbohnen, frisch gekocht oder aus der Dose
1 Tasse weiße Bohnen, frisch gekocht oder aus der Dose
1 Tasse Kichererbsen, frisch gekocht oder aus der Dose
1 mittelgroße Zwiebel
1 Knoblauchzehe
1 Bund Petersilie
1 kleine grüne Pfefferschote
1 TL Salz
frisch gemahlener schwarzer Pfeffer
3 EL Weinessig
4 bis 5 EL feinstes Olivenöl

Werden Bohnen und Kichererbsen aus der Dose verwendet, diese abtropfen lassen und unter fließendem Wasser waschen. Nochmals abtropfen lassen und auf Haushaltspapier ausgebreitet trockentupfen. Werden trockene Hülsenfrüchte verwendet, diese über Nacht gut mit Wasser bedeckt einweichen, am nächsten Tag zum Kochen bringen und weichgaren.
Die Zwiebel und die Knoblauchzehe schälen und fein würfeln. Die Petersilie waschen, trockenschwenken und fein hacken. Die Pfefferschote längs halbieren, entkernen und grob hacken.
Die Hülsenfrüchte in eine Schüssel geben, die Zwiebel- und Knoblauchwürfel sowie die Petersilie und Pfefferschote zugeben. Mit Salz und frisch gemahlenem Pfeffer würzen. Den Weinessig darübergießen und alles vorsichtig vermischen. Das Olivenöl dazugeben und den Salat nochmals mischen. Etwa 1 Stunde durchziehen lassen und servieren.

Spinat-Salat

(Spinach Salad)

Zutaten für 6 Portionen:

250 g frischer Spinat
1 Salatgurke
Salz
4 Selleriestangen
10 schwarze Oliven
½ Tasse Pinienkerne
2 EL Rotweinessig
frisch gemahlener schwarzer Pfeffer
½ TL Senfpulver
6 EL Öl

Den Spinat unter fließendem, kaltem Wasser waschen, abtropfen lassen und auf Haushaltspapier trockentupfen. Verlesen und von den Rippen befreien. Die Gurke schälen, längs halbieren und mit einer Löffelspitze die Kerne ausschaben. Die Hälften in ½ cm dicke Streifen und dann in Würfel schneiden. Mit Salz bestreuen, Wasser ziehen lassen, in ein Sieb geben und abtropfen lassen. Mit Haushaltspapier trockentupfen. Den Sellerie waschen, die Blätter entfernen, die Stangen trokkentupfen und in Würfel schneiden. Die Oliven entsteinen und grob hacken. Das Gemüse in eine Schüssel geben, die Oliven und die Pinienkerne hinzugeben, durchmischen und kühlstellen. In einer kleinen Rührschüssel den Essig mit Salz, frisch gemahlenem Pfeffer und Senfpulver gut verrühren. Unter ständigem Rühren nach und nach das Öl hinzufügen und so lange weiterrühren, bis die Sauce glatt und dicklich geworden ist. Über den Salat geben, durchmischen und auf eisgekühlten Salattellern angerichtet servieren.

Thunfisch-Salat

(Tuna Fish Salad)

Zutaten für 4 Personen:

2 Dosen Thunfisch in Öl
150 g Stangensellerie
1 Zwiebel
Salz
Frisch gemahlener weißer Pfeffer
2 bis 4 EL feine Mayonnaise
Salatblätter zum Anrichten

Den Thunfisch aus dem Öl nehmen und etwas abtropfen lassen. Mit 2 Gabeln in kleine Stücke zerpflücken. Den Stangensellerie waschen, mit Haushaltspapier abreiben und in sehr feine Scheiben schneiden. Die Zwiebel schälen und fein hacken. Alle Zutaten in eine Schüssel geben, mit Salz und frisch gemahlenem Pfeffer würzen und mit der Mayonnaise binden. Die Salatblätter waschen und gut trockenschwenken. Den Thunfischsalat darauf anrichten.
Anmerkung: Zur Abwechslung kann man auch einen Thunfisch in Stücken im eigenen Saft wählen. Der Salat schmeckt dann etwas milder.

Thunfisch-Salat mit Löwenzahn

(Tuna Fish Dandelion Salad)

Zutaten für 4 Personen:

150 g frischer Löwenzahn
½ grüne Paprikaschote
1 Dose Thunfisch in Öl
8 bis 10 Sardellenfilets
8 bis 10 entsteinte grüne Oliven
1 hartgekochtes Ei
50 g Salami am Stück
Saft von 2 Knoblauchzehen
Salz
Frisch gemahlener Pfeffer
2 EL Öl
2 TL feiner Essig

Den Löwenzahn verlesen, unter fließendem kaltem Wasser gut waschen, abtropfen lassen und in feine Streifen schneiden. Die Paprikaschote waschen, entkernen und fein würfeln. Den Thunfisch aus dem Öl nehmen, etwas abtropfen lassen und mit 2 Gabeln fein zerpflücken. Sardellenfilets und Oliven kleinschneiden. Das Ei pellen und fein hacken. Die Salami in kleine Würfel schneiden. Alles in eine Schüssel geben. Aus den restlichen Zutaten eine Sauce Vinaigrette rühren, über den Salat gießen und gut untermischen. Als Salat oder Vorpeise servieren.

Gebackene Kartoffeln aus der Folie sind die beliebteste Beilage zu Fleisch

Vegetables and Desserts – Beilagen und Desserts

Beilagen werden nicht nur zum Dinner serviert. Sie dienen oft auch als kleine Mittagsmahlzeit: gefüllte Kartoffeln, glasiertes Gemüse, leckere Süßspeisen und Kuchen.

Gebackene Kartoffeln

(Baked Potatoes)

Foto oben

Zutaten für 4 Personen

8 mehligkochende Kartoffeln
Öl oder Butter

Die Kartoffeln gründlich unter fließendem Wasser abbürsten und mit Haushaltspapier trockenreiben. Mit Öl oder Butter einreiben. Jede Kartoffel einzeln in ein Stück Alufolie wickeln. Im vorgeheizten Backofen bei 180 Grad ca. 60 Minuten backen. Die Garprobe machen. Mit einem Küchentuch eine Folienkartoffel aus dem Backofen nehmen und zwischen den Fingern drücken. Fühlt sie sich weich an, so ist die Kartoffel gar. Die fertigen Kartoffeln kreuzweise einritzen, leicht aufdrücken und sofort servieren. Die gebackenen Kartoffeln müssen sofort serviert werden, da sie sonst sehr schnell Wasser ziehen und matschig schmecken. Dazu passen saure Sahne, Crème fraîche, Doppelrahmfrischkäse oder eine der pikanten Saucen.

Milde Schinkensauce
125 g Salat-Dressing (fertig gekauft) mit 2 Eßlöffeln Magerquark und 50 g gekochten, fein gewürfelten Schinken vermischen. Mit Salz und Pfeffer würzen. ½ Kästchen Gartenkresse mit einer Haushaltsschere vom Wurzelbett schneiden. Die Sauce damit garnieren.

Pikante Sauce
200 g Schmelzkäse mit 4 Eßlöffeln gewürfeltem Mixed Pickles verrühren. Mit einer Prise Paprika edelsüß pikant abschmecken.

Cremige Eiersauce:
2 Eier hartkochen, abschrekken, abpellen und fein würfeln. Mit 3 Eßlöffeln Salat-Dressing oder Mayonnaise, 3 Eßlöffeln Crème fraîche und 1 Eßlöffel feingehackten Kräutern verrühren.

Kalte Dillsahne:
¼ Liter Crème fraîche mit Salz, frisch gemahlenem Pfeffer und abgeriebener Schale von ½ Zitrone sowie einer Prise Zucker und 1 bis 2 Eßlöffeln Wacholderschnaps schaumig schlagen. Zugedeckt 10 Minuten durchziehen lassen, damit sich die Gewürze entfalten können. 2 Bund Dill waschen, trockenschwenken und fein hacken. Die Sauce noch einmal durchschlagen, den Dill hineinrühren und bei Bedarf nochmals abschmecken.

Schnelle Erdbeertörtchen mit Eis

(Quick Strawberry Shortcake with Eiscream)

Foto rechts

Zutaten für 4 bis 6 Personen:

1 Packung Blätterteig (tiefgekühlt)
1 Eigelb
1 EL Aprikosenmarmelade
500 g frische oder
2 Packungen tiefgekühlte Erdbeeren
1 Becher Vanille-Eiscreme

Den Blätterteig wie auf der Packung beschreiben auftauen lassen. Anschließend aus jeder Teigplatte Quadrate von ca. 15 cm ausrollen und mit einem großen Glas Kreise ausstechen. Das Eigelb verquirlen. Jeden Kreis rundherum ca. 1 bis 2 cm mit dem Eigelb bestreichen und 5 gleichgroße Halbmonde nach innen kippen, so daß aus dem Kreis ein Fünfeck entsteht. Die umgeklappten Teigstücke gut andrücken. Den Teig mit einem Holzstäbchen mehrmals einstechen. 15 Minuten stehenlassen. Den Ofen auf 200 Grad vorheizen. Ein Backblech kalt ausspülen. Die Teigtörtchen darauflegen und in der Mitte mit einer in Alufolie gewickelten Kartoffel beschweren. 20 Minuten backen. Die Kartoffel vorsichtig entfernen. Die Aprikosenmarmelade mit 1 EL Wasser verrühren und die Ränder der Törtchen damit bestreichen. Frische Erdbeeren waschen, entstielen und abtropfen lassen. Nach Wunsch zuckern und etwas ziehen lassen. Tiefgekühlte Erdbeeren mit etwas Zucker bestreut auftauen lassen. Die abgekühlten Törtchen mit den Erdbeeren füllen und beim Servieren mit einer Kugel Eiscreme (z.B. Langnese-Bouquet-Vanille) belegen.
(s. auch auf Seite 41 die beliebten Erdbeertörtchen mit Sahne.)

Es gibt keine Party, keinen Feiertag ohne die süßen, delikaten Erdbeertörtchen

Gebratene Tomaten

(Pennsylvania Dutch Fried Tomatoes)

Zutaten für 4 bis 6 Personen:

4 feste, große Fleischtomaten
Salz
frisch gemahlener Pfeffer
Mehl zum Wenden
4 EL Butter
2 EL brauner Zucker
¼ l süße Sahne
fein gehackte Petersilie zum Bestreuen

Die Tomaten waschen, mit Haushaltspapier abreiben und in dicke Scheiben schneiden. Auf beiden Seiten mit Salz und frisch gemahlenem Pfeffer bestreuen. Anschließend etwas Mehl auf einen Teller geben, die Tomaten darin wenden, so daß sie gut mit Mehl bedeckt sind. Überschüssiges Mehl abschütteln. In einer beschichteten Pfanne die Butter bei mäßiger Hitze aufschäumen lassen. Die Tomatenscheiben hineingeben und etwa 5 Minuten bräunen. Die Oberseite mit der Hälfte des Zuckers bestreuen, die Tomaten vorsichtig wenden und mit dem restlichen Zukker bestreuen. Weitere 3 bis 4 Minuten schmoren. Auf eine vorgewärmte Platte legen und warmhalten. Die Sahne in die Pfanne gießen und unter ständigem Rühren so lange kochen, bis sie dicklich geworden ist. Mit Salz und Pfeffer abschmecken und über die Tomaten gießen. Mit der Petersilie bestreuen und sofort servieren.

Anmerkung: Diese süß zubereiteten Tomaten sollen eine kulinarische Erfindung europäischer (Holländer und Deutscher) Einwanderer an der Ostküste Amerikas sein. Sie sind eine beliebte Beilage zu Fleisch. Man kann sie aber auch weniger amerikanisch – ohne Zucker – mit einer pikant abgeschmeckten Sahnesauce servieren.

Glasierte Karotten

(Glazed Carrots)

Zutaten für 4 Personen:

12 bis 16 schöne Karotten
6 EL Butter
1 EL Honig
½ TL frisch gemahlener weißer Pfeffer
½ TL Salz

Die Karotten putzen, waschen und mit wenig Wasser bei mäßiger Hitze bißfest garen. In ein Sieb abgießen und gut abtropfen lassen. In einem flachen Topf die Butter mit dem Honig schmelzen lassen. Die Karotten hineingeben und unter ständigem Rütteln so lange erhitzen, bis sie rundum glasiert sind. Mit Salz und frisch gemahlenem Pfeffer abschmecken.

Anmerkung: 1 EL gehackte Minze und einige Tropfen Zitronensaft geben den Karotten eine englische Note.

Mais-Pudding

(Corn Pudding)

Zutaten für 4 Personen:

1 kleine Zwiebel
1 Dose Maiskörner
2 Eier
1 TL Salz
½ TL frisch gemahlener Pfeffer
1 TL Zucker
2 EL Butter
2 Tassen Milch (gut ½ l)
Butter oder Margarine zum Einfetten

Die Zwiebel schälen und musig hacken. Die Maiskörner im Mixer pürieren. In einem Rührbecher die Eier mit Salz, frisch gemahlenem Pfeffer, Zucker und Zwiebelwürfeln schaumig schlagen. Die Milch und die Butter in einem kleinen Topf erhitzen und unter ständigem Schlagen zu den Eiern geben. Zum Schluß den Mais hinzufügen und gut vermischen. Eine flache Auflaufform einfetten, die Puddingmasse einfüllen und bei 160 Grad auf der zweituntersten Schiene im Ofen ca. 1 Stunde backen.

Alaska-Eiskuchen

(Baked Alaska)

Zutaten für 8 Portionen:

30 g Butter
12 Eiweiß
Salz
60 g Zucker
4 Eigelb
½ TL Vanille-Essenz
50 g Mehl
250 g Orangen- oder Aprikosenkonfitüre
1 bis 2 EL frisch gepreßter Orangensaft
1 l Vanille-Eiscreme
125 g Puderzucker

Mit der Hälfte der Butter eine große Kastenform einfetten. Die Form mit Pergamentpapier so auslegen, daß die Ränder über die Form hinausragen. Das Papier mit der restlichen Butter gut einpinseln und mit Mehl bestäuben. Die Form umdrehen, auf den Boden klopfen, damit das überschüssige Mehl abfällt. Den Ofen auf 200 Grad aufheizen. In einer Rührschüssel 4 Eiweiß mit einer Prise Salz so lange schlagen, bis es fast steif ist. Nach und nach je 2 Eßlöffel Zucker hinzufügen und mit dem Eiweiß steifschlagen. In einer weiteren Schüssel die Eigelb ca. 1 Minuten schlagen, die Vanille-Essenz hinzufügen. 1 bis 2 Eßlöffel der Eiweißmischung unter das Eigelb mischen. Dann die Eigelbmasse über das restliche Eiweiß geben und gut miteinander vermengen. Dabei nach und nach jeweils 2 Eßlöffel Mehl einrühren. Den Teig in die Backform geben, glattstreichen und auf der mittleren Schiene im vorgeheizten Ofen ca. 12 Minuten backen, bis der Kuchen sich leicht von den Wänden der Form löst. Mit einem Messer die Garprobe machen. In die Mitte des Kuchens stechen, bleiben keine Teigreste daran haften, ist der Kuchen gar. Den Kuchen vorsichtig auf Pergamentpapier stürzen und vorsichtig das obere Papier abziehen. Abkühlen lassen und in zwei Hälften schneiden. Die Orangen- oder Aprikosenkonfitüre mit 1 bis 2 Eßlöffeln Orangensaft glattrühren. Eine Schicht mit der Konfitüre bestreichen und die andere Kuchenschicht darüberlegen. Die Eiscreme zu einem Rechteck in der größe des Kuchens formen, in Alufolie wickeln und einfrieren. Die restlichen 8 Eiweiß mit Salz fast steif schlagen. Nach und nach den Puderzucker hinzufügen und ca. 5 Minuten weiterschlagen, bis das Eiweiß steif und glänzend ist. Den Kuchen in eine flache, feuerfeste Form legen. die Eiscreme aus dem Kühlschrank nehmen, aus der Alufolie wickeln und auf den Kuchen legen. Den Kuchen und die Eiscreme von allen Seiten mit der Baisermasse bestreichen. Die Oberseite nach Belieben damit verzieren. Den Eiskuchen 2 bis 3 Minuten unter dem Grill überbacken, bis die Baisermischung goldbraun ist. Sofort servieren.

Amerikanischer Kartoffel-Gratin

(Scalloped Potatoes)

Zutaten für 4 Personen:

1000 g Kartoffeln
150 bis 200 g Butter
Salz
Frisch gemahlener schwarzer Pfeffer
½ bis ¾ l Milch
Butter oder Margarine zum Einfetten

Die Kartoffeln schälen und in ca. 5 mm dicke Scheiben schneiden. In eine Schüssel geben, mit kaltem Wasser bedecken und ca. 30 Minuten ruhen lassen. In ein Sieb abgießen, auf Haushaltspapier oder einem Küchentuch trockentupfen. Eine flache Auflaufform einfetten. Nun die Kartoffelscheiben schichtweise in die Form geben, jeweils. mit Salz und frisch gemahlenem Pfeffer bestreuen und mit Butterflöckchen besetzen. Zum Schluß so viel Milch angießen, daß die Kartoffeln gerade bedeckt sind. Auf der zweituntersten Schiene im ofen bei 160 Grad ca. 45 Minuten backen oder so lange, bis die Kartoffeln weich sind.

Pecan-Torte

(Pecan Pie)

Zutaten für 1 Torte:

270 g Mehl
125 g Pflanzenfett
100 g Butter
Salz
6 EL Eiswasser
Butter zum Einfetten und Bepinseln
Mehl zum Bestäuben
½ Tasse Zucker
1 Tasse dunkler Maissirup
3 ganze Eier
4 EL zerlassene Butter
1 Päckchen Vanillinzucker
1 Tasse grob gemahlene Pecan-Nüsse

In eine große Rührschüssel 250 g Mehl sieben. Das eisgekühlte Pflanzenfett und 60 g eiskalte Butter in ½ cm große Würfel schneiden und zusammen mit einer Prise Salz zu einem krümeligen Teig zerbröseln. Das Eiswasser zufügen und so lange weiterkneten, bis der Teig in einer Kugel zu-

sammenhält. Die Teigkugel mit Mehl bestäuben, in Pergamentpapier wickeln und 30 Minuten im Kühlschrank ruhen lassen. Eine Pie-form von 23 cm Durchmesser mit Butter einfetten. Die Teigkugel in zwei Hälften teilen. Eine Hälfte auf einer bemehlten Arbeitsfläche zu einem ca. 3 mm dünnen Kreis von ca. 35 cm Durchmesser ausrollen. In die Tortenform legen und den überstehenden Teigrand mit einem scharfen Messer abschneiden.
Den Ofen auf 200 Grad aufheizen. Den Zucker und den dunklen Maissirup in einem kleinen Topf erhitzen und unter ständigem Rühren so lange kochen, bis die Mischung dicklich geworden ist. In einem Rührbecher die Eier schaumig schlagen. Den heißen Sirup nach und nach unter ständigem Rühren im dünnen Strahl hinzufügen. Die zerlassene Butter, den Vanillinzucker und die grob gemahlenen Nüsse unterrühren. Etwas abkühlen lassen und auf den Teigboden in Pieform füllen.
Auf der mittleren Schiene des Ofens 10 Minuten anbacken. Die Hitze auf 170 Grad zurückschalten und die Torte weitere 25 bis 30 Minuten backen. Aus dem Ofen nehmen, abkühlen lassen und mit leicht gesüßter Schlagsahne servieren.

Anmerkung: Den restlichen Teig auf der bemehlten Arbeitsfläche zu einem ca. 3 mm dicken Kreis ausrollen und in eine Pieform geben. Im auf 200 Grad aufgeheizten Ofen 12 bis 15 Minuten backen. Mit Apfelmus oder Pfirsichpüree füllen. Aus 2 oder 3 Eiweiß und etwas Zucker eine Baiser-Masse schlagen und mit einem Löffel darauf verteilen. Bei 160 Grad auf der obersten Schiene 30 Minuten backen.

Tip: Wenn keine Pieform zur Hand ist, kann man diese Torten auch in einer flachen Auflaufform aus feuerfestem Glas oder Porzellan backen.

Reis-Pudding

(Rice Pudding)

Für 4 bis 6 Personen:

1/3 Tasse Reis
2 EL Butter
4 Tassen Milch
3 EL Zucker
1/8 TL Salz
frisch gemahlene Muskatnuß zum Bestreuen

Den Reis so lange mit kaltem Wasser waschen, bis das Wasser klar bleibt. In ein Sieb gießen, sehr gut abtropfen lassen und anschließend auf Haushaltspapier trockentupfen. In einem falchen Topf mit gut schließendem Deckel (für Backofen geeignet) die Butter erhitzen. Den Reis hinzufügen und unter ständigem Rühren trocknen lassen. Gleichzeitig in einem kleinen Topf die Milch mit Zucken und Salz erhitzen. Zum Reis geben, kurz umrühren und aufkochen lassen. Von der Kochstelle nehmen, mit frisch gemahlener Muskatnuß bestreuen und gut verschließen. Bei 100 Grad auf der untersten Schiene im Ofen ca. 90 Minuten backen, bis die Reiskörner schön weich geworden sind. Warm oder Kalt servieren.

Eier-Pudding

(Custard)

Zutaten für 1 Pudding:

1 l Milch
6 Eier
4 EL Zucker
1/2 TL Salz
1 Päckchen Vanillinzucker

Die Milch in einem Topf zum Kochen bringen. Von der Kochstelle nehmen und abkühlen lassen.
In einer Rührschüssel die Eier schaumig schlagen. Nach und nach den Zucker, das Salz und den Vanillinzucker sowie die Milch unter ständigem Schlagen hinzugeben. Eine feuerfeste Puddingform oder Schüssel mit Butter einfetten. Den Ofen auf 160 Grad vorheizen. Die Milch in die Form geben und auf der zweituntersten Schiene 50 bis 60 Minuten backen. Folgende Garprobe machen: Mit einem Messer in den Pudding stechen. Bleibt nichts an der Scheide haften, so ist der Pudding gebacken. Aus dem Ofen nehmen und abkühlen lassen. Noch warm oder kalt servieren.

Ahornsirup-Creme

(Maple Mousse)

Zutaten für 4 bis 6 Personen:

1 Päckchen Gelatine
200 ml reiner Ahornsirup
3 große Eier
80 g brauner Zucker
400 ml süße Sahne

Die Gelatine in 1/2 Tasse kaltes Wasser ca. 5 Minuten einweichen. In einen Topf mit heißem Wasser stellen und so lange rühren, bis sie sich aufgelöst hat. Mit dem Ahornsirup mischen. Die Eier trennen. In einer Rührschüssel das Eigelb mit dem elektrischen Rührhaken so lange schlagen, bis es hellgelb und cremig ist. Den Ahornsirup mit der aufgelösten Gelatine hinzurühren. Alles im Wasserbad unter ständigem Rühren so lange erhitzen, bis die Mischung dickflüssig geworden ist. Achtung: die Mischung darf nicht kochen, damit die Eier nicht gerinnen. Aus dem Wasserbad nehmen, den Zucker hinzugeben und gut untermischen. In eine breite Schüssel gießen und etwas abkühlen lassen.
In der Zwischenzeit das Eiweiß schnittfest schlagen. In einem Rührbecher getrennt die eisgekühlte Sahne steifschlagen. Mit einem Gummispatel unter die Ahornmischung heben. Anschließend das Eiweiß dazugeben und unterziehen, bis sich keine weißen Streifen mehr zeigen. Eine Auflaufform – am besten aus Metall – mit kaltem Wasser ausspülen. Die Creme einfüllen und im Kühlschrank mindestens 4 Stunden erstarren lassen. Zum Servieren die Form kurz in heißes Wasser tauchen und die Creme auf eine gut gekühlte Platte stürzen.

Anmerkung: Ahornsirup findet man in ganz Amerika auf jedem Frühstückstisch. Zarte Pancakes werden mit Butter bestrichen und mit Ahornsirup begossen am liebsten gegessen.

Gebackene Pfirsichhälften

(Baked Peach Halves)

Zutaten für 6 Personen:

3 schöne große Pfirsiche
1/2 Tasse Zucker
2 EL Zitronensaft
2 EL Butter oder Margarine
1 Becher Pfefferminz- oder Johannisbeer-Gelatine

Die Pfirsiche kurz in kochendes Wasser tauchen, die Haut abziehen, halbieren und den Stein entfernen. Eine Auflaufform mit Deckel einfetten und die Pfirsichhälften hineinlegen. Den Ofen auf 175 Grad vorheizen. Den Zucker, Zitronensaft, Butter und 1 Tasse Wasser in einen kleinen Topf geben und bei schwacher Hitze 5 Minuten kochen lassen. Über die Pfirsiche geben. Die Form zudecken und auf der zweituntersten Schiene im Ofen 45 Minuten backen. Aus dem Ofen nehmen und auskühlen lassen. Zum Servieren auf eine Platte geben, jede Pfirsichhälfte mit kleinen Gelatine-Bällchen füllen und zu kaltem Fleisch mit Kresse garniert reichen.

Barbecue – Das Grillfest für drinnen oder draußen

Gegrilltes hat in USA Tradition. Man grillt alles vom Hähnchen bis zum Lamm und Hackfleisch und serviert es mit pikanten Saucen, gefüllten Kartoffeln, Maisbrot, Salaten und Desserts.

Porterhouse-Steak in Rotweinsauce

(Porterhouse Steak with Red Wine Gravy)

Foto rechts

Zutaten für 4 Personen:

2 Porterhousesteaks (ca. 1500 g)
Salz
frisch gemahlener Pfeffer
3 EL Öl
20 g Butter
50 g Mark
1 Trüffel aus der Dose
¼ l Fleischbrühe
¼ l trockener Rotwein
1 EL Trüffelsaft

Das Fleisch mit Haushaltspapier trockentupfen. Den Fettrand im Abstand von 1 cm bis zum Fleischansatz einschneiden, damit sich das Fleisch beim Braten nicht wölbt. Mit frisch gemahlenem Pfeffer einreiben. Die Butter und das Öl in einer Pfanne erhitzen und die Steaks darin auf jeder Seite ca. 10 Minuten braten. Es ist dann innen noch roh. Die Steaks aus der Pfanne nehmen, salzen, in Alufolie wickeln und ca. 10 Minuten ruhen lassen. Das Fleisch schräg zur Faser in Scheiben schneiden, auf einer vorgewärmten Platte anrichten und warmstellen. Den Bratfond mit Fleischbrühe und Rotwein ablöschen und einköcheln lassen. Das Mark hinzugeben, 2 Minuten darin garen, herausnehmen und in Scheiben schneiden. Die Trüffel abtropfen lassen und den Saft zum Bratfond geben. Die Trüffel in dünne Scheiben hobeln und mit den Markscheiben auf die Steaks geben. Mit der Sauce begießen und servieren.

Anmerkung: Porterhouse-Steaks nennt man die großen Ochsenkoteletts mit Knochen und Filet, die aus der Mitte des Roastbeefs geschnitten werden. Man sollte beim Kauf von Porterhouse-Steaks darauf achten, daß das Fleisch genügend abgehangen ist, sonst wird es beim Braten leicht zäh. Grundsätzlich rechnet man ein Porterhouse-Steak für zwei Personen. Es ist dann ca. 4 cm dick und wiegt ca. 800 g.

Gegrillte junge Ente

(Broiled Duckling)

Zutaten für 4 Personen:

1 junge Ente (ca. 2800 g)
2 mittelgroße Zwiebeln
3 bis 5 Knoblauchzehen
200 ml Öl
⅛ l Rotweinessig
Salz
frisch gemahlener schwarzer Pfeffer
2 Lorbeerblätter

Die Ente unter fließendem kaltem Wasser gut waschen, dabei, wenn noch nicht geschehen, Hals, Bürzel und überflüssige Hautlappen entfernen und wenn nötig restliche Federkiele herauszupfen. Die Ente vierteln und in einen Glas-, Porzellan- oder Metallbräter geben. Dieser sollte so groß sein, daß alle nebeneinanderliegend genug Platz haben.
Die Zwiebeln schälen und in feine Ringe schneiden. Die Knoblauchzehen pellen und fein hacken. In einem kleinen Behälter Zwiebeln, Knoblauch, Lorbeerblätter, Öl, Essig, 1 TL Salz und etwas frisch gemahlenen schwarzen Pfeffer geben und zu einer Marinade verrühren. Über die Ententeile gießen, zudecken und bei Zimmertemperatur ca. 3 Stunden marinieren. Dabei die Fleischstücke alle 30 Minuten einmal wenden.
Den Grill aufheizen. Die Ententeile aus der Marinade heben und mit der Haut nach unten auf den Grillrost legen. Mit etwas Salz bestreuen und ca. 10 cm unter den Grillstäben 30 bis 35 Minuten braten. Achtung, das Fleisch soll langsam bräunen, darum gegebenenfalls den Abstand zwischen Grillgut und Heizquelle vergrößern.
Die Marinade durch ein Sieb gießen. Die Ente weitere 10 bis 15 Minuten braten, dabei alle 2 bis 3 Minuten mit der Marinade bepinseln. Wenn das Fleisch weich und schön goldbraun ist, auf eine vorgewärmte Platte anrichten. Mit dem Bratensatz begossen servieren.

Rinderkotelett mit Fruchtglasur

(Glazed T-Bone Steak)

Zutaten für 4 Personen

1 Rinderkotelett von etwa 1250 g
3 EL Öl
300 g Pfirsiche
Saft von ½ Zitrone
1 bis 2 EL Honig
1 bis 2 EL Curry
1 Spritzer Tabasco
Salz
frisch gemahlener schwarzer Pfeffer
20 g Butter
2 EL grüner Pfeffer

Das Rinderkotelett von beiden Seiten mit Öl bestreichen, in Alufolie wickeln und im Kühlschrank 30 Minuten ruhen lassen. Die Pfirsiche häuten und die Steine entfernen. 4 schöne Hälften beiseitelegen. Das restliche Fruchfleisch mit einer Gabel oder einem Mixstab pürieren. Mit dem Zitronensaft, dem Honig, dem Curry, dem Salz, frisch gemahlenem Pfeffer und einem Spritzer Tabasco gut verrühren. Das Rinderkotelett über dem sehr heißen Grill auf jeder Seite 12 bis 15 Minuten grillen. Anschließend bei schwächerer Hitze (dazu den Grillrost höher hängen) noch weitere 10 Minuten garen. Während der letzten 5 Minuten ständig die Fruchtglasur darüberstreichen. Die Pfirsichhälften mit Butter bestreichen und rundherum einige Minuten grillen. Das Fleisch in Scheiben schneiden. Den grünen Pfeffer in die Pfirsichhälften füllen und zu den Fleischscheiben servieren.

California

Schweinekrone mit Wurst- und Apfelfüllung

(Crown Roast of Pork with Sausage-Apple Stuffing)

Zutaten für 10 bis 12 Personen:

1 große Zwiebel
50 g Butter
50 g Stangensellerie
1 kleiner Apfel
½ Tasse frische Brotkrumen
500 g Schweinehack
250 g gut gewürztes Wurstbrät
½ Bund Petersilie
½ TL getrockneten Salbei
1½ TL Salz
frisch gemahlener schwarzer Pfeffer
2 Schweinerücken
(ca. 22 Koteletts oder 5000 g)

Den Ofen auf 175 Grad vorheizen. Die Zwiebel schälen und fein hacken. Den Stangensellerie waschen, mit Haushaltspapier trockentupfen und in feine Würfel schneiden. Den Apfel waschen, trockenreiben, schälen und grob würfeln. Für die Füllung die Butter in einer großen Pfanne bei mäßiger Hitze zerlassen.
Die Zwiebel hineingeben und unter häufigem Rühren etwa 5 Minuten schmoren. Die Sellerie- und Apfelwürfel hinzufügen. Unter mehrmaligem Wenden alles 5 Minuten schmoren. Anschließend in eine große Rührschüssel geben. Die Brotkrumen, das Schweinehack und das Wurstbrät hinzufügen. Die Petersilie waschen, trockenschwenken und fein hacken. Zusammen mit dem Salbei zur Fleischmasse geben, mit Salz und frisch gemahlenem Pfeffer würzen. Mit einem großen Löffel die Füllung gut durchmischen. Die Schweinerükken abbrausen, mit Haushaltspapier oder einem sauberen Küchentuch gut trockentupfen und zu einer Krone zusammenlegen. Den Bratrost mit Alufolie belegen. Das Schweinefleisch daraufsetzen und die Farce in die Mitte füllen. Mit einem runden Stück Alufolie abdecken. Die nach außen stehenden Kotelettknochen ebenfalls mit Alufolie umwickeln, damit sie beim Braten nicht verkohlen. Den Rost auf die Fettpfanne stellen und die Schweinekrone auf der mittleren Schiene in 3 Stunden garen. Eine halbe Stunde vor Ende der Bratzeit das runde Stück Alufolie von der Füllung entfernen, damit die Oberfläche schön bräunt. Die Schweinekrone vorsichtig auf eine vorgewärmte Platte setzen. Die Alufolie von den Kotelettknochen entfernen und durch Papiermanschetten ersetzen. 10 Minuten ruhen lassen. Servieren und am Tisch so tranchieren, daß jeweils ein Kotelett mit einer reichlichen Portion Füllung abgetrennt wird.

Gegrillter Schwertfisch mit Barbecue-Sauce

(Barbecued Swordfish)

Zutaten für 4 bis 6 Personen.

2 EL Zitronensaft
4 EL Orangensaft
4 EL Sojasauce
2 EL Tomatenmark
1 Knoblauchzehe
1 TL Oregano
½ Bund Petersilie
½ TL Salz
frisch gemahlener schwarzer Pfeffer
1000 g Schwertfisch
(ersatzweise Thunfisch)
1 EL Butter

In einem Rührbecher den Zitronensaft, den Orangensaft, die Sojasauce und das Tomatenmark vermischen. Die Knoblauchzehe schälen und fein hacken. Zusammen mit dem Oregano zu der Sauce geben. Die Petersilie waschen, trockenschwenken und fein hacken. Unter die Sauce mischen. Mit Salz und frisch gemahlenem Pfeffer abschmekken. Den Fisch unter fließendem Wasser gut waschen, mit Haushaltspapier trockentupfen und in 2½ cm dicke Scheiben schneiden. In eine Schüssel geben und mit der Marinade begießen. 2 Stunden bei Zimmertemperatur marinieren lassen, dabei nach 1 Stunde den Fisch in der Marinade wenden. Den Grill 10 Minuten auf höchster Stufe vorheizen. Den Grillrost mit der Butter bestreichen. Den Schwertfisch auf den Rost legen und reichlich mit Marinade bepinseln. 8 cm über der Hitze entfernt 5 Minuten grillen und zwischendurch zwei bis dreimal mit der Marinade bepinseln.
Sobald der Fisch gebräunt ist, mit einer großen Spachtel wenden und weitere 5 Minuten grillen, dabei wiederum zweimal mit der Marinade bepinseln. Der Fisch sollte schön goldbraun sein und sich noch fest anfühlen. Auf einer vorgewärmten Platte anrichten und mit dem aufgefangenen Bratensaft begießen. Sofort servieren.

Feurige Spareribs

(Barbecued Spareribs)

Zutaten für 4 Personen:

5 EL Tomatenketchup
5 EL Honig
2 EL Sojasauce
2 EL Rotwein
5 EL Olivenöl
je 1 TL Curry
und feingehackte Pfefferschoten
Saft von 1 Zitrone
Paprika edelsüß
je ein kräftiger Spritzer
Tabasco- und
Worcestershiresauce
4000 g Spareribs

In einem Rührbecher den Tomatenketchup, den Honig, die Sojasauce, den Rotwein und 2 Eßlöffel Olivenöl gut verrühren. Mit Curry, gehackten Pfefferschoten, Zitronensaft, Paprika edelsüß und je einem kräftigen Spritzer Tabasco- und Worcestershiresauce scharf abschmecken. Die Sauce durchziehen lassen, bis die Spareribs gegrillt sind. Das restliche Olivenöl mit Paprika edelsüß vermischen und mit den Fingerspitzen in die Spareribs einmassieren. Diese entweder gleich in Portionsstücke teilen oder ganz auf den heißen Grillrost von jeder Seite 10 Minuten grillen.
Danach die Sauce daraufstreichen und weitere 5 Minuten grillen. Die Sauce muß dabei ständig darübergestrichen werden, damit das Fleisch eine dicke Saucenkruste bekommt. Zum Tranchieren die Rippchen auf ein großes Brett legen und in Portionsstücke zerteilen.

Gegrillte Hummerkrabben in Barbecue-Sauce

(Barbecued Shrimp)

1000 g frische Hummerkrabben
¼ l Olivenöl
2 EL Rotweinessig
1 EL Tomatenmark
1 EL Oregano
1 Knoblauchzehe
1 Bund Petersilie
1 TL Salz
frisch gemahlener schwarzer Pfeffer

Die Hummerkrabben sorgfältig schälen; dazu die Schale dort brechen, wo sie mit dem Schwanz verbunden ist, jedoch den Schwanz daranlassen. Mit einem scharfen Küchenmesser den Rücken entlang flach einschneiden und

die Darmader entfernen. Unter fließendem kaltem Wasser die Krabben gründlich waschen und mit Haushaltspapier trockentupfen. In einer großen Rührschüssel das Öl mit dem Essig, dem Tomatenmark und dem Oregano verrühren. Die Knoblauchzehe schälen und fein hacken. Die Petersilie waschen, trockenschwenken und fein hacken. Den Knoblauch und die Petersilie in die Marinade rühren. Mit Salz und frisch gemahlenem schwarzem Pfeffer würzen. Die Hummerschwänze in die Marinade legen und mehrmals wenden, bis sie gut überzogen sind. Bei Zimmertemperatur 2 Stunden marinieren lassen, dabei mehrmals wenden.
Den Grill auf höchster Stufe vorheizen. Die Hummerkrabben mit der Marinade in eine feuerfeste Form legen. Diese etwa 8 cm von der Hitze entfernt auf den Grillrost schieben und die Krabben 5 Minuten grillen. Nach 3 Minuten mit Marinade begießen. Die Krabben wenden und weitere 3 bis 5 Minuten grillen, bis sie leicht gebräunt sind und sich noch fest anfühlen.
Direkt in der Backform oder auf einer vorgewärmten Schüssel, die tief genug ist, um die Sauce zu fassen, servieren.

Sirloinsteak

(Sirloin Steak)

Zutaten für 5 bis 6 Personen:

1 Sirloinsteak (von ungefähr 2000 g etwa 5 cm dick)
1/16 l Öl
1/16 l Brandy
1 kleine Zwiebel
1 Knoblauchzehe
Salz
frisch gemahlener schwarzer Pfeffer

Das Fleischstück kurz abspülen und mit Haushaltspapier gut trockentupfen. In einem Rührbecher das Öl mit dem Brandy vermischen. Die Zwiebel und die Knoblauchzehe schälen und fein hacken. Mit frisch gemahlenem Pfeffer unter die Öl-Brandy-Mischung rühren. Das Steak in eine flache Schüssel legen, die Marinade darübergießen und über Nacht darin liegen lassen. Das Fleisch herausnehmen, trockentupfen und mit wenig Öl bestreichen. Von jeder Seite bei starker Hitze angrillen. Dann weitere 15 Minuten von jeder Seite weitergrillen. Zum Schluß salzen und mit frisch gemahlenem Pfeffer bestreut servieren.

T-Bone-Steak mit grünem Pfeffer

(T-Bone Steak with Green Pepper)

Zutaten für 2 bis 3 Personen:

1 T-Bone-Steak von etwa 750 g
1/8 l Rotwein
1/8 l Sojasauce
3 bis 4 EL Öl
2 Zwiebeln
frisch gemahlener Pfeffer
Paprika edelsüß
Salz
1/2 Glas grüner eingelegter Pfeffer

Das Steak kurz waschen und gut mit Haushaltspapier oder einem Küchentuch trockentupfen. In eine Schüssel legen. In einem Rührbecher den Rotwein mit der Sojasauce und dem Öl gut verrühren. Die Zwiebeln schälen und fein hacken. In die Marinade geben. Den Paprika einrühren. 1 Eßlöffel eingelegte Pfefferkörner im Mörser zerstoßen, zu der Marinade geben und alles gut verrühren. Über das Steak gießen. Zugedeckt 30 Minuten ruhen lassen. Das Steak aus der Marinade nehmen, abtropfen lassen und auf den heißen Grillrost legen. Von jeder Seite 12 bis 15 Minuten grillen. Zwischendurch öfter mit der Marinade bestreichen. Vom Grill nehmen, einige Minuten ruhen lassen, salzen und pfeffern und mit den restlichen grünen Pfefferkörnern bestreut servieren.

Amerikanische Grillfrikadellen

(Barbecued Meat Balls)

Zutaten für 4 Personen:

400 g gemischtes Hackfleisch
1 Zwiebel
1 Eigelb
Salz
frisch gemahlener Pfeffer
Paprika edelsüß
Mehl zum Bestäuben
4 Brötchen
2 EL Senf
2 EL geriebener Merrettich

Das Hackfleisch in eine Schüssel geben. Die Zwiebel schälen und fein würfeln. Mit dem Eigelb zu dem Hackfleisch geben. Die Gewürze zufügen und mit feuchten Händen gut vermischen. Den Fleischteig zu vier Frikadellen formen. Auf beiden Seiten mit Mehl bestäuben. Auf dem sehr heißen Holzkohlengrill auf beiden Seiten etwa 5 Minuten grillen. In der Zwischenzeit die Brötchen auf dem Grill aufbacken und halbieren. Beide Hälften mit Senf und Meerrettich bestreichen und je eine Frikadelle dazwischenlegen. Nach Wunsch mit scharfer Sauce servieren.

Anmerkung: Zum vorsichtigen Wenden der Frikadellen sollten am besten zwei Bratenwender oder eine große Fleischzange benutzt werden, damit die Fleischstücke nicht auseinanderfallen. Brötchen backen knuspriger auf, wenn man sie vorher mit etwas Wasser befeuchtet. Auf dem Grill mehrmals wenden, damit sie rundum knusprig werden.

Schweinespießchen mit Ingwer-Ananas-Glasur

(Glazed Pork Skewer)

Zutaten für 4 Personen:

1000 g Schweinenacken oder -schulter
6 EL Olivenöl
1/8 l Ananassaft
1 kleine feingeriebene Ingwerfrucht
oder 1/2 TL gemahlener Ingwer
Salz
frisch gemahlener schwarzer Pfeffer
1 Prise Cayennepfeffer

Das Fleisch abbrausen und mit Haushaltspapier trockentupfen. In mundgerechte Stücke schneiden. Auf Grillspieße geben. In einem Rührbecher das Olivenöl, den Ananassaft und die feingeriebene Ingwerfrucht vermischen. Mit Salz und frisch gemahlenem Pfeffer abschmecken, mit einer Prise Cayennepfeffer scharf würzen. Die Fleischspieße mit der Marinade einpinseln und auf den Drehspieß des Grills stecken. 15 Minuten grillen, dabei alle 3 Minuten rundherum mit der Marinade bestreichen. Vor dem Servieren die Fleischspieße am Grillrand kurz ruhen lassen.

Tip: Achten Sie beim Bestreichen der Schweinespießchen darauf, daß die Marinade nicht auf die heiße Glut tropft. Allzuleicht entstehen dadurch Flammen, die das Grillgut verbrennen würden, wodurch das Fleisch einen bitteren Geschmack annimmt. Deshalb sollte die Marinade in kleinen Mengen vorsichtig mit einem Pinsel aufgetragen werden. Auch sollte der Abstand der Fleischspieße zur Glut nicht zu gering sein, da sonst die Oberfläche der Spieße hart und rußig wird.

Snacks
Kleine Köstlichkeiten

Doughnuts, Cookies, Brownies, Tacos oder Popcorn sind Köstlichkeiten, die auch zwischendurch schmecken und mit einer Tasse Kaffee oder einem Cola auch eine Mahlzeit ersetzen können.

Hühner-Pfannkuchen

(Tacos de Pollo)

Foto rechts

Zutaten für 4 Personen:

450 g gebratenes Hähnchenfleisch (ohne Haut und Knochen)
1 Packung (35 g) Taco Gewürzzubereitung
12 Taco-Schalen (mexikanische Maisschalen, fertig gekauft)
200 g Eisbergsalat
200 g Tomaten
60 g Allgäuer Emmentaler
je 4 grüne und schwarze Oliven
100 g Tacosauce (aus dem Glas)
Tomatenachtel und Petersiliensträußchen zum Garnieren

Das Hähnchenfleisch in kleine Würfel schneiden. Zusammen mit der Gewürzmischung und 200 ml Wasser in einen Topf geben und 15 Minuten bei schwacher Hitze köcheln lassen. Dabei hin und wieder umrühren. In der Zwischenzeit den Eisbergsalat waschen, gut trockenschwenken und in Streifen schneiden. Die Tomaten waschen, mit Haushaltspapier trockenreiben, halbieren, vom Stielansatz befreien und würfeln. Den Käse in feine Stifte schneiden. Die Taco-Schalen im vorgeheizten Ofen bei 175 Grad 5 bis 10 Minuten erhitzen. Aus dem Ofen nehmen, mit der Fleischmischung füllen, mit Eisbergsalat, Tomaten, Käse und Oliven belegen und jeweils 3 Schalen als eine Portion anrichten. Mit Tomatenachteln und Petersiliesträußchen garnieren. Heiß servieren.

Schokoladen-Plätzchen

(Brownies)

150 g Butter
1 Tafel Bitterschokolade
2 Tassen Zucker
2 Eier
1 Päckchen Vanillinzucker
1 Tasse Mehl
½ TL Salz
1 Tasse Walnußkerne
Butter zum Einfetten

In einem kleinen Topf bei schwacher Hitze die Butter und die Schokolade schmelzen. Von der Kochstelle nehmen, gut verrühren und in eine Rührschüssel geben. Den

Zucker einrühren und anschließend nacheinander die 2 Eier und den Vanillinzucker hinzufügen und mit dem elektrischen Rührhaken gut verarbeiten. Das Mehl und das Salz sieben. Zum Teig geben und schnell untermischen. Ein Backblech einfetten, den Teig daraufgeben und mit einem Spatel verstreichen. Bei 170 Grad auf der zweituntersten Schiene 30 bis 35 Minuten nicht zu scharf backen. Aus dem Ofen nehmen, etwas abkühlen lassen und noch warm in 3 bis 4 cm große Quadrate schneiden. Dazu ein mit Butter eingefettetes Messer verwenden.

Doughnuts

(Doughnuts)

Zutaten für 24 Doughnuts:

500 bis 600 g Weizenmehl
1 Päckchen Backpulver
½ TL Zimtpulver
½ TL geriebene Muskatnuß
½ TL Muskatblüte
1 TL Salz
50 g Butter oder Margarine
200 g Zucker
2 Eier
knapp ¼ l Milch
1 l geschmacksneutrales
Öl oder Fett zum Ausbacken
Puderzucker oder Zimt-Zucker
zum Bestäuben

500 g Mehl, das Backpulver, die Gewürze und das Salz sieben. Die Butter oder Margarine in eine Rührschüssel geben und mit dem elektrischen Rührhaken bei höchster Stufe cremig rühren. Nach und nach den Zucker untermischen. Die Eier hinzugeben und weiter bei höchster Stufe nach jedem Ei 1 Minute rühren. Das Mehl abwechselnd mit der Milch dazu geben und zu einem geschmeidigen Teig verarbeiten. Wenn notwendig noch etwas mehr Mehl hinzugeben. Mit einem Tuch zudecken und mindestens 1 Stunde im Kühlschrank ruhen lassen.
Den Teig auf die bemehlte Arbeitsfläche geben und mit der flachen Hand oder dem Nudelholz zu einer ca. 1 cm dikken Platte auswalken. Mit einem großen Glas (ca. 6 bis 8 cm Durchmesser) Kreise ausstechen. Mit einem kleinen Glas (ca. 2 cm Durchmesser) aus jedem Kreis die Mitte ausstechen, so daß Ringe entstehen.
Das Öl in der Friteuse oder in einem hohen Topf auf 180 Grad aufheizen oder so lange, bis das Öl am Stiel eines eingetauchten Holzlöffels perlt. Die Doughnuts nach und nach hellbraun backen. Mit dem Schaumlöffel herausholen, auf Haushaltspapier etwas entfetten und mit Puderzukker oder Zimt-Zucker bestreuen. Noch heiß servieren.

Maisfladen

(Tortillas Snacks)

Zutaten für 4 Personen:

Salz
250 g Maismehl
Öl
Schweine- oder Gänseschmalz
zum Bestreichen
1 kleine Zwiebel
300 g Hackfleisch
4 geschälte Tomaten
frisch gemahlener Pfeffer
¼ TL Chilipulver
1 Dose Mexikanische Bohnen
oder Baked Beans
pikante Fleisch-Sauce
aus dem Glas

In einem Topf ½ Liter Wasser mit 1 TL Salz zum Kochen bringen. Das Maismehl in eine große Schüssel geben, das kochende Wasser darübergießen und mit einem Holzlöffel schnell zu einem Teig verarbeiten. Die Hände anfeuchten und aus dem Teig 10 kleine Bällchen formen. eine große oder 2 kleinere Plastikfolien mit Öl bestreichen. Ein Bällchen zwischen die Folien legen und mit dem Nudelholz zu einer Platte ausrollen. Eine Pfanne mit schwerem Boden mit Öl ausschwenken. Die Teigplatten müssen in der Größe der Aufliegefläche der Pfanne entsprechen. Die Pfanne gut vorheizen, einen Fladen vorsichtig in die Pfanne geben und bei mittlerer, nicht zu großer Hitze backen. Sobald sich der Fladen durch Schütteln der Pfanne vom Boden löst, umwenden und von der anderen Seite fertig bakken. Auf eine vorgewärmte Platte gleiten lassen, dünn mit Schweine- oder Gänseschmalz bestreichen und im vorgewärmten Backofen bei 100 bis 120 Grad bis zum Füllen aufbewahren.
Die Zwiebel schälen und fein hacken. In einem flachen Topf 2 EL Öl erhitzen und die Zwiebeln darin glasig werden lassen. Das Hackfleisch hinzugeben und unter ständigem Wenden gut anbraten. Die Tomaten zerkleinern und zum Fleisch geben. Gut untermischen. Mit Salz, frisch gemahlenem Pfeffer und dem Chilipulver scharf würzen. Bei schwacher Hitze zugedeckt 15 Minuten ruhig köcheln lassen.
Die Bohnen in einem kleinen Topf erhitzen. Die Tortillas mit Bohnen und Fleisch belegen, etwas scharfe Sauce darüber gießen, heiß servieren.

Haferflocken-Plätzchen

(Oatmeal Cookies)

Für ca. 20 Stück:

1 Tasse Mehl
½ TL Backpulver
½ TL Salz
125 g Butter
175 g brauner Zucker
3 EL feiner Zucker
1 Ei
1 Päckchen Vanillinzucker
1 EL Milch
1¼ Tasse feine Haferflocken
(ungekocht)
Butter oder Margarine
zum Einfetten

Den Ofen auf 175 Grad vorheizen. 2 Backbleche einfetten.Das Mehl, das Backpulver und das Salz in eine Schüssel sieben. Die Butter in eine Rührschüssel geben und mit dem elektrischen Rührhaken sahnig schlagen. Den Zucker hinzufügen und gut verrühren. Das Ei, das Vanillin und die Milch dazugeben und so lange schlagen, bis die Mischung glatt und geschmeidig ist. Nach und nach das Mehlgemisch und die Haferflocken hineinarbeiten. Mit einem Eßlöffel den Teig auf die Backbleche geben, dabei genügend Zwischenraum lassen, damit die Plätzchen nicht ineinanderlaufen. Auf der zweituntersten Schiene ca. 12 Minuten hellbraun backen. Aus dem Ofen nehmen, etwas abkühlen lassen und vom Blech lösen.

Shrimps-Cocktail mit Melone

(Shrimp Cocktail with Honey Melon)

Zutaten für 4 Portionen:

250 g tiefgefrorene Krabben
Saft von ½ Zitrone
Salz
frisch gemahlener weißer
Pfeffer
1 kleine Honigmelone
1 Banane
1 Orange
125 g feine Mayonnaise

Die Krabben kurz antauen und mit etwas Zitronensaft, Salz und frisch gemahlenem Pfeffer marinieren. Die Melone halbieren, die Kerne entfernen und mit dem kleinen Kartoffelstecher aus dem Fruchtlfleisch kleine Bällchen ausstechen. Die Banane schälen, in dünne Scheiben schneiden und sofort mit Zitronensaft beträufeln. Die Orange mit einem scharfen Küchenmesser direkt an der Frucht entlang abschälen. Die weiße, bittere Haut soll an der Schale haften bleiben. Nun an den einzelnen Segmenten entlang Fruchtfilets herausschneiden. Etwas zerkleinern. Alle Zutaten mit der feinen Mayonnaise vermischen und 30 Minuten durchziehen lassen. In vier Cocktailschalen verteilen und servieren.

Variante: 250 g Krabbenfleisch mit Zitronensaft beträufeln mit 1 kleinen Dose Spargelköpfen, abgetropft, und in kleine Stücke geschnitten vermischen. Aus 3 Eßlöffeln Tomatenketchup, etwas Paprikapulver, je ½ Telöffel fein gehackter Petersilie und Dill eine Salatsauce anrühren. Mit Salz, 1 Spritzer Worcestershiresauce und Brandy abschmecken. Unter die Krabben und den Spargel mischen, auf zarten Salatblättern anrichten und mit 1 Scheibe Toast servieren.

Hähnchen-Salat

(Chicken Salad)

Zutaten für 4 Personen:

500 g gegartes Hähnchenfleisch (ohne Haut und Knochen)
200 g Stangensellerie
4 EL Mayonnaise
Salatblätter zum Anrichten
2 hartgekochte Eier
Oliven und Kapern zum Garnieren

Das Hähnchenfleisch in mundgerechte Stücke schneiden. Den Stangensellerie waschen, mit Haushaltspapier trockenreiben und fein würfeln. Beides in eine Schüssel geben und mit genügend Mayonnaise vermischen. Nach Wunsch mit Salz und frisch gemahlenem Pfeffer abschmecken. Den Salat waschen und gut trockenschwenken. Eine Salatschüssel damit auslegen und den Salat daraufgeben. Die Eier pellen und in Scheiben schneiden oder grob würfeln. Den Salat mit Ei, Oliven und Kapern garniert servieren.

Springmais

(Popcorn)

Zutaten für 4 Personen:

½ Tasse Springmais (Popcorn)
1 EL Butter Salz

Die Butter in einen Topf mit schwerem Boden geben und zerlassen. Den Springmais hineingeben, so viel, daß der Boden nicht zu dicht bedeckt ist. Den Deckel auflegen und bei nicht zu starker Hitze den Mais springen lassen. Nach einigen Minuten den Topf schütteln, damit alle Körner den Boden des Topfes berühren. Von der Kochstelle nehmen, leicht salzen und sofort servieren.

Erbeertörtchen

(Strawberry Shortcake)

Zutaten für 6 Törtchen:

400 g feines Weizenmehl
120 g Zucker
5 TL Backpulver
2 TL Salz
240 g Butter
knapp 1 l süße Sahne
1000 g frische Erdbeeren
Mehl zum Auskneten

Den Ofen auf 225 Grad aufheizen. Das Mehl mit Backpulver und Salz in eine Rührschüssel sieben. 90 g Zucker einrühren. 180 g Butter aus dem Kühlschrank in kleinen Stücken zum Mehl geben und alles zu einem krümeligen Teig verarbeiten. ⅜ Liter Sahne zugeben und weiter zu einem weichen Teig verarbeiten. Mit den kalten Händen zu einer Kugel formen und auf eine bemehlte Arbeitsfläche legen. Mit dem Handballen eine Minute kneten. Dabei immer ein Ende des Teiges auf das andere drücken. Schließlich einen ca. 2 cm dicken Kreis ausrollen. Mit einem Glas von ca. 8 cm Durchmesser 6 Kreise ausstechen. Aus dem übrigen Teig mit einem Glas von 6 cm Durchmesser ebenfalls 6 Kreise ausstechen. Die restliche Butter schmelzen und abkühlen lassen. Ein Backblech einfetten und die großen Kreise darauf anordnen. Mit je 1 Teelöffel Butter bepinseln. Die kleineren Teigkreise darauflegen. Auf der mittleren Schiene im Ofen in 12 bis 15 Minuten goldbraun backen. In der Zwischenzeit die Erbeeren abbrausen, gut abtropfen lassen und die Stielansätze entfernen. Die Hälfte der Erdbeeren grob zerkleinern. Die schönsten Früchte zum Garnieren verwenden. Mit einem scharfen Küchenmesser die Teigkreise trennen. Auf das untere Törtchen eine Schicht zerkleinerte Erdbeeren füllen. Mit Zucker bestreuen und das kleinere Törtchen vorsichtig daraufsetzen. Mit den ganzen Erdbeeren garnieren. Die restliche Sahne leicht zuckern und beim Servieren über die Törtchen gießen.

Riesen-Sandwich

(Submarine Sandwich)

Zutaten für 4 bis 6 Personen:

1 frische Baguette Butter oder Margarine und Mayonnaise zum Bestreichen
Salami
gekochter Schinken
Mortadella
Provolone-Käse zum Belegen
eingelegte grüne Peperoni
Oliven-Scheiben und in Streifen geschnittener grüner Salat
Tomatenscheiben zum Garnieren

Die Baguette der Länge nach aufschneiden, auf einer Seite mit Butter auf der anderen mit Mayonnaise bestreichen und nach Wunsch und Fantasie mit Fleisch, Käse und Gemüse belegen. In Stücke aufschneiden und sofort servieren, da das Brot sonst durchweicht.

Kiwi-Canapés

(Kiwi Snacks)

Foto Seite 47

Zutaten für 4 Personen:

150 g weiche Butter
1 Eigelb
200 g Roquefort
1 EL Cognac oder Weinbrand
2 EL halbtrockener Sherry
36 Salzkräker
4 große Neuseelandkiwis
6 TL Gemüsemais aus der Dose
einige Sträußchen Petersilie
6 große Walnußkernhälften
3 Scheiben Bündnerfleisch
6 Cocktailkirschen
3 Scheiben Pökelzunge
3 große Erdbeeren
½ TL eingelegte grüne Pfefferkörner

Die weiche Butter und das Eigelb mit dem elektrischen Rührhaken oder dem Schneebesen schaumig schlagen. Den Roquefort (oder ersatzweise einen Blauschimmelkäse nach Wahl) mit einer Gabel zerdrücken, nach und nach zu der Butter geben und so lange rühren, bis eine geschmeidige, cremige Masse entstanden ist. Zum Schluß den Cognac oder Weinbrand und den Sherry hinzufügen und glattrühren. Nun die Kräker zunächst mit der Butter-Roquefortcreme dick bestreichen und auf eine Platte legen. Die Kiwis schälen und in Scheiben schneiden. Die Kräker frei nach eigener Fantasie mit ganzen, halbierten oder geviertelten Kiwischeiben belegen oder diese in die Butter-Roquefortcreme stekken. Dann die kleinen Schnittchen mit den vorgesehenen Zutaten wie folgt garnieren: 6 Kräker mit je 1 Teelöffel Gemüsemais und einem Petersilien-Sträußchen; 6 Kräker mit je einem halbierten Walnußkern; 6 Kräker mit je einer aufgerollten halben Scheibe Bündnerfleisch; 6 Kräker mit einer Cocktailkirsche; 6 Kräker mit in Streifen geschnittener Pökelzunge, 6 Kräker mit einer halbierten Erdbeere und einigen grünen Pfefferkörnern. Sofort servieren.

Anmerkung: Weitere Garnierungen für die Kiwi-Canapés sind große Salzmandeln, auf schöne Spießchen gesteckte helle oder dunkle Weinbeeren, Armagnacpflaumen, Melonenkugeln oder Krabben. Als Unterlage für die Canapés kann man auch zu Talern geschnittenes Toastbrot oder Pumpernickel nehmen. Da Brot nicht so schnell durchweicht wie Kräkers, kann man diese Canapés dann auch frühzeitig vorbereiten und mit Klarsichtfolie abgedeckt bis zum Servieren im Kühlschrank aufbewahren.

Party Dinners – Festliche Gerichte

Traditionell zu Weihnachten, Thanksgivings (Erntedankfest) und Kirchenfesten gibt es den reich gefüllten Puter, den glasierten Schinkenbraten oder auch ein feines Fischgericht je nach Region und ihren Erzeugnissen. Und besonders beliebt bei Festen sind die kleinen Erdbeertörtchen "Strawberry Shortcake".

Gefüllter Truthahn

(Stuffed Turkey)

Foto rechts

Zutaten für 8 Portionen:

1 küchenfertiger Puter von 3,5 bis 5 kg (mit Innereien)
Salz
frisch gemahlener Pfeffer
3/4 EL getrockneter Thymian
300 g Kalbfleisch
500 g frischer Speck
1 EL Pastetengewürz
1 Spritzer Worcestershiresauce
2 cl Brandy
1 Messerspitze Cayennepfeffer
1 Zwiebel
1 Eigelb
750 g Eßkastanien
1 Bund Suppengemüse
1/2 l Instant-Fleischbrühe
1 Eiweiß
4 Scheiben frischer Speck zum Belegen

Den Truthahn unter fließendem Wasser abspülen und mit Haushaltspapier gut trockentupfen. Innen und außen mit Salz, Pfeffer und Thymian einreiben. Die Innereien wenn nötig häuten und von Röhren befreien. Kurz abspülen und trockentupfen. Den Magen putzen und zusammen mit dem Herz in Stücke schneiden. Mit dem Kalbfleisch und 300 g Speck durch die feinste Scheibe des Fleischwolfs drehen. Die Farce mit Pastetengewürz, Worcestershiresauce, Brandy und Cayennepfeffer würzen. Die restlichen 200 g Speck in feine Würfel schneiden. Die Zwiebel schälen und ganz fein (fast musig) würfeln. Den Speck in einer Pfanne auslassen, die Zwiebel zugeben und weich braten, ohne sie Farbe annehmen zu lassen. Die Putenleber hinzufügen und kurz anbraten, herausnehmen und kleinschneiden. Die Fleischmasse hinzufügen und unter Rühren fast gar braten. In eine Schüssel füllen und abkühlen lassen. Die kleingeschnittene Leber und das Eigelb gut untermischen. Die Kastanien kreuzweise einritzen und im vorgeheizten Ofen bei 250 Grad so lange rösten, bis sich die Schale leicht ablösen läßt. Das Suppengemüse putzen, waschen und zerkleinern. Mit den Kastanien in einen Topf geben, die Brühe angießen und in 30 bis 40 Minuten weich kochen. Die Kastanien abgießen und zur Fleischfarce geben. Die Brühe dabei auffangen. Das Eiweiß sehr steifschlagen und unter die Füllung heben. Den Truthahn damit füllen und die Öffnungen zunähen oder zustekken. Die Flügel des Truthahns fest an den Körper, die Keulen über dem Bürzel zusammenlegen und festbinden. Die Speckscheiben quer über Brust und Keulen legen und ebenfalls festbinden. Den Puter mit der Brust nach oben in den gefetteten Bräter legen und im 220 Grad heißen Ofen 20 Minuten braten. Nach 10 Minuten den Vogel umdrehen. Den Ofen auf 180 Grad zurückdrehen, den Puter wieder umdrehen und weitere 2½ Stunden garen. Während der Bratzeit den Vogel mehrmals mit dem ausgetretenen Fleischsaft begießen. (Verdampfte Flüssigkeit durch Brühe nachgießen). Den gegarten Puter herausnehmen auf einer vorgewärmten Platte wieder in den abgeschalteten Ofen stellen. Den Bratfond in eine Kasserolle abgießen und entfetten. Mit Salz, Pfeffer, Worcestershiresauce und Cayennepfeffer abschmecken und kurz einköcheln lassen. Getrennt zum Puter servieren. Dazu passen Preiselbeer-Konfitüre, Kartoffelbrei und Pies.

Apfeltorte

(Apple Pie)

Zutaten für 1 Torte:

270 g Mehl
125 g Pflanzenfett
100 g Butter
1 Prise Salz
6 EL Eiswasser
Butter zum Einfetten und Bepinseln
Mehl zum Bestäuben
1000 g säuerliche Äpfel
1 EL Zitronensaft
3 bis 4 EL Zucker
1 TL Zimt
1/4 TL Piment
1/4 TL Muskatnuß

In eine große Rührschüssel 250 g Mehl sieben. Das eisgekühlte Pflanzenfett und 60 g eiskalte Butter in ½ cm große Würfel schneiden und mit dem Mehl und dem Salz zu einem krümeligen Teig zerbröseln. Das Eiswasser zufügen und so lange weiterkneten, bis der Teig in einer Kugel zusammenhält. Die Teigkugel mit Mehl bestäuben, in Pergamentpapier wickeln und 30 Minuten im Kühlschrank ruhen lassen. Eine Tortenform von 23 cm Durchmesser mit Butter einfetten. Die Teigkugel in zwei Hälften teilen. Eine Hälfte auf einer bemehlten Arbeitsfläche zu einem ca. 3 mm dünnen Kreis von ca. 35 cm Durchmesser ausrollen. In die Tortenform legen und den überstehenden Teigrand mit einem scharfen Messer abschneiden. Den Ofen auf 200 Grad aufheizen. Die Äpfel schälen, halbieren und vom Kerngehäuse befreien. In dünne Scheiben schneiden. Sofort mit Zitronensaft beträufeln. In einer großen Rührschüssel den Zucker, den Zimt, das Piment, die Muskatnuß und das restliche Mehl vermischen. Die Äpfel hinzufügen und alles gut vermengen. Die Apfelfüllung in die Tortenform einfüllen. Zur Mitte hin etwas höher schichten. (Beim Backen fällt die Füllung erheblich zusammen.) Die restliche Butter in kleinen Flöckchen auf die Füllung verteilen. Auf einer bemehlten Arbeitsfläche die zweite Teighälfte zu einem ca. 3 mm dicken Kreis ausrollen. Auf den Kuchen legen. Mit einer Küchenschere den Rand bis auf ½ cm überstehend abschneiden. Dann gut unter den unteren Teigrand falten und mit einer Gabel andrükken, damit der Kuchen gut verschlossen ist. Den Kuchen mit zerlassener Butter gleichmäßig bepinseln. In den Deckel zwei kleine Schlitze schneiden, damit der Dampf beim Backen entweichen kann. Auf der mittleren Schiene des Ofens 40 Minuten goldbraun backen. Warm oder etwas abgekühlt servieren.

Kürbistorte

(Pumpkin Pie)

Zutaten für 1 Torte:

1¼ Tasse Mehl (ca. 200 g)
1 Prise Salz
90 g eisgekühlte Backmargarine oder -fett
3 bis 5 EL Eiswasser
2 Eier
¾ Tasse brauner Zucker
1½ Tasser zu Mus gekochter Kürbis
¼ TL Ingwerpulver
¼ TL geriebene Muskatnuß
1 TL Zimtpulver
½ TL Salz
1 Tasse Milch (gut ¼ l)
½ Tasse Kaffeesahne (ca. ⅛ l)

Das Mehl und das Salz auf die Arbeitsfläche sieben, das Fett dazugeben und mit 2 Messern in sehr kleine Stücke zerschneiden und mit dem Mehl vermischen. Mit den kalten Fingern und Eiswasser zu einem krümeligen Teig verarbeiten und so lange vorsichtig kneten, bis der Teig zu einer Kugel zusammenhält. In Pergamentpapier wickeln und mindestens 30 Minuten im Eisschrank ruhen lassen. Eine Pie-Form mit Butter oder Margarine einfetten. Den Teig auf der bemehlten Arbeitsfläche zu einem Kreis ausrollen, zweimal über Kreuz falten und in die Pie-Form legen. 5 Minuten stehen lassen, damit sich der Teig setzt, anschließend mit einem Messer außen herum an der Form entlangfahren und den überstehenden Teig abschneiden. Mit einer Gabel auf den oberen Teigrand ein Muster drücken. Den Ofen auf 200 Grad vorheizen. In einem Rührbecher die Eier schaumig schlagen. Den Zucker, das Kürbismus, die Gewürze, die Milch und die Sahne hinzufügen und alles gut mischen. In den Teigboden füllen und auf der untersten Schiene im Ofen ca. 40 Minuten backen. Folgende Garprobe machen: ein Messer in die Füllung stekken und wieder herausziehen. Bleibt nichts hängen, so ist die Torte gebacken. Aus dem Ofen nehmen und kalt oder warm mit Schlagsahne oder Vanilleeis servieren.

Gebackener glasierter Schinken

(Baked Glazed Ham)

Zutaten für 12 bis 14 Personen:

1 geräucherter Schinken (6000 bis 7000 g)
200 ml Whiskey (¾ Tasse)
400 bis 450 g brauner Zucker (2 Tassen)
1 EL Senfpulver
1 Glas Gewürznelken (¾ Tasse)
2 unbehandelte Orangen

Den Ofen auf 175 Grad aufheizen. Den Schinken mit der Schwarte nach unten auf einen Bratenrost in einen entsprechend großen Bräter legen. In der Mitte des Ofens auf der zweituntersten Schiene 2 Stunden backen, bis sich das Fleisch mühelos mit einer Gabel einstechen läßt. Aus dem Ofen nehmen, etwas abkühlen lassen. Mit einem großen scharfen Messer die Schwarte abschneiden und den Braten schachbrettartig längs und quer in etwa 3 cm Abstand tief in das Fett einschneiden. Die Ofenhitze auf 225 Grad erhöhen. Den Schinken wieder auf den Bratenrost in den Bräter legen, mit einem Teigpinsel auf allen Seiten mit ½ Tasse Whiskey bestreichen. Den Zucker und das Senfpulver mit dem restlichen Whiskey vermischen und mit Hilfe eines Löffelstiels oder eines Messers fest in die Fetteinschnitte drücken. Das Fett jeder Schnittkreuzung oder im Zentrum von jedem Rombus mit einer ganzen Gewürznelke spicken. Die Orangen schälen und in Achtel zerteilen. Mit Zahnstochern möglichst dekorativ auf den Schinken verteilt anordnen. Mit einem Löffel etwas Bratensatz aus der Backform über das Ganze gießen und den Schinken weitere 15 bis 20 Minuten in den heißen Ofen schieben, bis der Zucker geschmolzen ist und eine klare Glasur bildet.

Anmerkung: Selbstverständlich kann dieser Schinkenbraten auch in einer kleineren Menge zubereitet werden. So genügt zum Beispiel für eine Mahlzeit mit 4 bis 6 Personen ein Schinken von 2,5 bis 3 kg. Die Garzeit verringert sich natürlich entsprechend. Reste lassen sich auch sehr gut kalt servieren. So schmeckt er ganz hervorragend in Scheiben geschnitten als Sandwich zwischen zwei getoasteten Weißbrotscheiben, die man mit Mayonnaise bestreicht und mit Salatblättern sowie Tomatenscheiben zusätzlich belegt. Typisch amerikanisch ist es, dazu noch Mixed Pickles, Pommes frites und eine Tasse Kaffee zu servieren.

Cioppino

(Cioppino)

Zutaten für 6 Personen:

1 große Zwiebel
1 grüne Pfefferschote
2 Knoblauchzehen
4 mittelgroße Tomaten
½ Bund Petersilie
⅛ l feines Öl
2 EL Tomatenmark
½ l trockener Weißwein
Salz
frisch gemahlener schwarzer Pfeffer
18 Venusmuscheln
18 kleine Miesmuscheln
2 küchenfertige Hummer (von je 600 bis 650 g)
1500 g festes weißes Fischfleisch
500 g küchenfertige mittelgroße Hummerkrabben

Die Zwiebel schälen und fein würfeln. Die Pfefferschote waschen, mit Haushaltspapier trockenreiben, längs halbieren, entkernen und grob hakken. Die Knoblauchzehen pellen und fein hacken. Die Tomaten kurz in kochendes Wasser tauchen, die Haut abziehen, halbieren, vom Stielansatz und den Kernen befreien und grob zerkleinern. Die Petersilie waschen, trokkenschwenken und fein hakken.
In einer großen Pfanne das Öl gut erhitzen. Die Zwiebel-und Knoblauchwürfel hineingeben und unter ständigem Wenden anbraten, bis sie weich sind, jedoch keine Farbe angenommen haben. Die Tomaten und die Hälfte der Petersilie hinzufügen, den Wein angießen und einmal aufkochen lassen. Die Hitze zurückschalten und die Sauce bei halb geöffnetem Deckel 15 Minuten schmoren lassen. In der Zwischenzeit die Muscheln unter fließendem kaltem Wasser gründlich abbürsten, dabei die Bärte der Miesmuscheln entfernen. In wenig kochendes Wasser geben und bei mäßiger Hitze 5 bis 10 Minuten dämpfen, bis sich die Muscheln öffnen. Achtung: Nicht geöffnete Muscheln sind nicht genießbar und müssen unbedingt weggeworfen werden. Die Hummer in Portionsstücke zerteilen, in die Sauce geben, gut damit bedekken und bei schwacher Hitze 10 Minuten garen. Den Fisch waschen, trockentupfen, portionieren und ebenfalls in die Sauce geben. 8 Minuten garen. Die Hummerkrabben hinzufügen und 3 bis 4 Minuten kochen. Zum Schluß die Muscheln hineingeben und mit Sauce bedecken. Sollte es nötig sein, etwas Muschelkochsud durch ein Mulltuch geben und angießen. Die Sauce sollte jedoch nicht zu wässerig werden. Das Gericht zugedeckt weitere 2 bis 3 Minuten kochen lassen. Mit Salz und frisch gemahlenem Pfeffer abschmecken und mit der restlichen Petersilie bestreut direkt in der Pfanne oder in einer großen Terrine servieren. Knusprige Brötchen, wilden Reis oder Kartoffeln als Beilage reichen.

Apfelcreme auf Eis

(Apple Sauce with Icecream)

Zutaten für 4 Personen:

4 süßsaure Äpfel
Zitronensaft
1½ EL Zucker
150 g Mandeln
1 Gläschen Calvados (0,2 cl)
1 Becher Sahne
4 Kugeln Mandeleis

Die Äpfel schälen, entkernen und vierteln. Die Apfelviertel mit etwas Zitronensaft beträufeln. Einziehen lassen. Dann die geviertelten Äpfel auf einer Haushaltsreibe schaben. Die Masse in eine Schüssel geben und mit dem Zucker verrühren. Nun die Mandeln in warmem Wasser erwärmen, damit sie sich besser schälen lassen. Das Wasser abgießen. Die Mandeln schälen und fein hacken. Die gehackten Mandeln unter die Apfel-Zucker-Mischung heben. Gut verteilen. Anschließend den Calvados darübergießen und gut einziehen lassen. Dafür die Schüssel abdecken. In der Zwischenzeit die Sahne etwas gezuckert schlagen, bis sie steif geworden ist. Das Mandeleis auf vier Desserttellerchen verteilen. Die Apfelmasse darübergeben und mit der Sahne garnieren.

Anmerkung: Anstelle des Mandeleises kann für diesen Nachtisch wahlweise auch Vanille- oder Apfeleis verwendet werden.

Pikanter Hasenrücken

(Roast Hare with Cranberry Sauce)

Zutaten für 4 Personen:

2 Hasenrücken (je etwa 600 g)
Salz
Pfeffer
30 g Bratfett
4 Zwiebeln
12 Nelken
1 Glas Williams-Birnen (220 g)
8 EL Birnensaft
¼ l Sahne
2 EL Preiselbeerkompott
2 EL Zitronensaft

Das Fleisch mit Salz und Pfeffer kräftig würzen. In einen langen Bräter legen. Das Bratfett schmelzen und über den gewürzten Braten gießen. Die Zwiebeln schälen und halbieren. Mit Hilfe eines spitzen Messers die halbierten Zwiebeln mit den Nelken spicken. Die gespickten Zwiebeln zum Fleisch in den Bräter geben. Den Braten im vorgeheizten Backofen bei 225 Grad etwa 30 Minuten lang garen. Inzwischen die Birnen abgießen. Den Saft auffangen und nach und nach zu dem garenden Fleisch geben. Nach 20 Minuten Bratzeit die Sahne über das Fleisch gießen. Und nun auch die Birnen dazugeben. Die fertigen Hasenrücken nach etwa 30 Minuten Garzeit aus dem Ofen nehmen und auf eine vorgewärmte Platte legen. Die Birnenhälften mit dem Preiselbeerkompott füllen und zu dem Hasenrücken auf die Platte legen. Den Bratfond durch ein Sieb geben, mit Zitronensaft, Salz und Pfeffer abschmecken. Getrennt dazu reichen. Als Beilage Broccoli, Pfifferlinge und Kartoffelbällchen servieren.

Grapefruit-Sorbet

(Grapefruit Sorbet)

Zutaten für 4 Personen:

2 große Grapefruits
150 g Zucker
2 EL Pfefferminzlikör
4 Schokoladenschälchen
rote Speisefarbe

Die Grapefruits schälen, die Haut abziehen. Die Fruchtscheiben herauslösen und die Haut entfernen. Vier der enthäuteten Fruchtscheiben auf einen Teller legen. Die übrigen in den Mixer geben und den Pfefferminzlikör darübergießen. 5 EL Wasser dazugeben. Diese Zutaten zusammen pürieren. 30 Minuten stehen lassen. Anschließend mit einem Löffel gut umrühren und die Masse in eine flache Metallschale gießen. Das Ganze in das Tiefkühlfach geben und gefrieren lassen. Während der Gefrierzeit das entstehende Sorbet immer wieder herausnehmen und umrühren. Das Sorbet so lange durchrühren, bis die Masse glatt und cremig ist. Nun das Sorbet mit einigen Tropen roter Speisefarbe nachfärben. Die Farbe ebenfalls gut verrühren. Vor dem Servieren das Sorbet noch mals 1 Stunde gefrieren lassen. Dann die Schokoladenschälchen auf Desserttellern bereitstellen. Jeweils mit einer Scheibe der geschälten Fruchtstücke garnieren. Mit einem Eßlöfel von dem Sorbet Portionen abstechen und diese neben die Fruchtstücke geben.

Anmerkung: So machen Sie Ihre eigenen Schokoladenschälchen: 1 Schokoladen-Kuvertüre (hell oder dunkel, je nach Geschmack) wie auf der Packung beschrieben, im Wasserbad schmelzen. Von der Kochstelle nehmen und unter Rühren etwas abkühlen lassen. Kleine Torteletten-Förmchen mit kaltem Wasser ausspülen. Die flüssige Kuvertüre auf den Boden der Förmchen gießen. Durch Drehen der Förmchen die Kuvertüre als dünner Film auf die Seiten verteilen. Beiseite stellen und ohne die Förmchen weiter zu bewegen erkalten lassen. Die festgewordenen Schokoladenförmchen vorsichtig herauslösen und verwenden.
Aus flüssiger Kuvertüre kann man auch Figuren auf angefeuchtetes Pergamentpapier gießen: Blätter, Schmetterlinge, Herzchen, Stern oder Kreis, mit denen man Desserts und Torten fein dekorieren kann.

Chicorée-Salat mit Nüssen

(Chicorée Salad with Walnuts)

Zutaten für 4 Personen:

375 g Chicorée
1 Dose Mandarinen
30 g geschälte Walnüsse
1 Becher Joghurt
1 EL feingehackter Ingwer
4 EL Speiseöl
Salz
Zucker
frisch gemahlener Pfeffer
1 mittelgroßer süß-saurer Apfel

Die Chicorée-Kolben putzen und von den braunen Stellen befreien. Mit einem spitzen scharfen Messer die bitteren Kerne aus den Kolben herauslösen. Die Chicorée-Blätter ablösen und in breite Streifen schneiden. Die geschnittenen Chicorée-Blätter gründlich waschen und anschließend auf einem ausgebreiteten Küchentuch gut abtropfen lassen. In der Zwischenzeit aus der Dose 3 EL Mandarinensaft in eine Tasse abfüllen. Den restlichen Saft abgießen. Die geschälten Walnüsse grob hacken. Die geschnittenen Chicorée-Blätter in eine flache Schüssel geben. Die Mandarinenscheiben und die gehackten Walnüsse darüberstreuen. Nun den Joghurt zusammen mit dem Mandarinensaft in einer Tasse gut verrühren. Den feingehackten Ingwer darunterheben. Das Speiseöl mit der Marinade verquirlen. Die Sauce mit Salz, Zucker und frischgemahlenem Pfeffer abschmekken. Den Apfel ungeschält vierteln und in dünnen Scheibchen in die Sauce schneiden. Das Ganze dann über den angerichteten Salat gießen. Den Salat kühlstellen und vor dem Servieren noch einige Zeit durchziehen lassen.
Anmerkung: Diesen exotischen Chicorée-Salat zusammen mit frisch getoastetem Weißbrot und einem trockenen Weißwein servieren.

Register

Impressum:

Prinzenstraße 7,
8000 München 19
Telefon: 089/132001
Telex: 5215528 tvf d
Telefax: 1678071
Druck: Mohndruck, Gütersloh
ISBN 3-906058-66-2

Bildnachweis:

Umschlagvorderseite:
Komplett Büro GmbH
Burda Syndication S. 43;
Andrea Klepsch S. 35;
Komplett Büro GmbH
S. 2, 6, 7, 11, 15, 18, 19, 22, 27, 38/39, 47;
Langnese-Iglo GmbH S. 31;
Molkerei Müller S. 30